平成の大合併と財政効率
―市町村の適正規模は存在するか?―

増田知也 著

金壽堂出版

目　次

はじめに　*1*

序　章　平成の大合併と適正規模　*5*

第1章　誰が適正規模を決めるのか？
　　　　　── 住民自治と適正規模 ──
　　第1節　補完性の原理と自治権の本質　*11*
　　第2節　市町村合併の歴史と適正規模　*19*
　　第3節　住民主体の適正規模論の必要性　*32*

第2章　適正規模は何によって決まるのか？
　　　　　── 適正規模についての理論的検討 ──
　　第1節　適正規模の捉え方　*35*
　　第2節　適正規模の決定要因　*38*
　　第3節　研究可能性　*48*

第3章　スケールメリット論の何が問題なのか？
　　　　　── 最小効率規模論とその限界 ──
　　第1節　主要な先行研究　*53*
　　第2節　最小効率規模論への批判　*57*
　　第3節　問題の検討　*62*

第4章　合併の効果はどの程度か？
　　　　―― 分析モデルの転換 ――
　第1節　分析方法　*69*
　第2節　分析結果　*71*
　第3節　モデルの検証　*74*
　第4節　最小効率規模との関係　*83*

第5章　最小効率規模を求めることはできるか？
　　　　―― 人口と面積が歳出額に与える影響 ――
　第1節　人口の影響　*89*
　第2節　面積の影響　*94*
　第3節　最小効率規模の算定　*103*

第6章　合併前後で歳出構造はどう変わったか？
　　　　―― 最小効率規模の時系列比較 ――
　第1節　分析方法　*111*
　第2節　歳出構造の変化　*112*
　第3節　補論：京都府内における財政分析　*126*

終　章　最小効率規模から適正規模へ　*139*

おわりに　*143*
　注　釈　*145*
　参考文献　*149*
　初出一覧　*155*

はじめに

　2016年11月13日、筆者は阿蘇山の麓に位置する人口千五百人の小さな村、熊本県産山村を訪れていた。「合併しなかった自治体の将来を考えるシンポジウム[1]」に参加するためである。このシンポジウムは、改めて平成の大合併を振り返り、検証するとともに、単独の道を選んだ自治体がこれからどのような地域を作っていくのかを考える趣旨で開催された。産山村もまた、平成の大合併において単独の道を選んだ自治体の一つである。このシンポジウムに筆者を誘ってくださったのが、恩師である、今川晃先生であった。筆者は財政の分科会においてファシリテーターを務めることになり、現地へは今川先生の運転で向かう予定となっていた。しかしながら、2016年9月24日の朝、筆者は今川先生の突然の訃報を聞くこととなる。

　そもそも、筆者が学問の道を志したきっかけは、故郷である奈良県當麻町（現・葛城市）の合併問題であった[2]。当時、大学生であった筆者は、市町村合併に対して批判的な立場を取っていた。その理由は、合併推進の根拠が論理的でなかったということに尽きる。財政再建のための合併といいながら、財政規律を緩めかねない合併特例債という仕組みは、その最たるものである。そして、「合併すれば歳出を削減することができる」という言説自体にも大きな疑問を

持っていた。後に示すように、少なくとも短期的な影響をみる限りは、合併した自治体が劇的に財政状況を改善したということはなかった。逆に、兵庫県篠山市にみられるように、合併特例債の濫発によってむしろ財政状況を苦しくさせてしまった事例もみられる。そして、合併しなかった自治体がシミュレーションどおりに財政破綻したかといえば、産山村の例をみても分かるとおり、そんなことは全くなかったのである。

　本書の後半では、一人当たり歳出額を反比例のモデルで説明するということを試みている。実は、このアイデアを最初に思いついたのは、2002年当時のことであった。それが論文[3]として結実するまでに、実に7年もの間アイデアを温めていたことになる。筆者としては、この論文をもって、市町村合併と財政効率・適正規模に関して一定の結論を得たと考えていた。そして、とりわけ「合併すれば歳出を削減することができる」という素朴なスケールメリット論に対しては、必ずしもそうではないということを理論と実証両面から示したつもりでいた。ところが、2009年の執筆からさらに7年が経った2016年においてもなお、こうした素朴なスケールメリット論は幅を利かせているように感じるのである。

　以上が、筆者が本書の上梓を思い立った経緯である。筆者の願いは偏に、市町村合併の効果には限界があるということを、もっと多くの人に分かってもらいたいということである。この試みがどこまで成功するかは分からないが、本書が合併検証のための一つの視点を提供することができれば幸いである。

謝　辞

　本研究を進めるに当たり、ご指導をいただいた故・今川晃先生に深く感謝申し上げます。これからもどうぞ私たち門下生を温かく見守っていてください。

　公聴会や学会において重要なご助言やご示唆をいただきました、同志社大学大学院総合政策科学研究科教授・新川達郎先生、今里滋先生、真山達志先生、武蔵勝宏先生、関西学院大学総合政策学部教授・長峯純一先生に感謝申し上げます。そして、日々の議論を通じて多くのご助言やご示唆をいただいた、今川ゼミ門下生の皆様に感謝申し上げます。

　本書を刊行するに当たっては、金壽堂出版の吉村始さんに大変お世話になりました。故郷の地から、こうして研究成果を世に送り出せることを幸いに思います。

　ここまで研究を続けてこられたのも、いつも温かく見守り続けてくれた両親のおかげです。そして新たに家族となり、私を支え続けてくれている妻・優子と長男・悠利に本書を捧げます。

序　章　平成の大合併と適正規模

　平成の大合併が終結し、市町村の規模を巡る問題には終止符が打たれたかのようである。1999年3月31日時点で3,232市町村（市670町1,994村568）であったのが、2010年3月31日には、1,727市町村（市786町757村184）にまで減少し[4]、平均規模は約三万八千人から約六万七千人へと拡大した。
　しかしながら、規模を巡る問題が再燃する可能性もある。合併が進んだ今日においても、規模のばらつきは依然として大きい。2015年3月31日時点で、人口一万人未満の市町村が487残っており、そのうち人口五千人未満の市町村が246、人口二千五百人未満の市町村が96である（総務省2016）。このように規模のばらつきが大きいにも関わらず、これまで日本の自治体は総合行政体を目指し、小規模町村についても画一的な制度を採ってきた。そして、この規模と機能配分のアンバランスを支えていたのが、地方交付税という強力な財政調整制度であった。小規模町村の存在は、合併議論再燃の火種となるかもしれない。また、道州制議論が現実化することがあれば、更なる合併議論が巻き起こる可能性もある。いずれにせよ規模を巡る問題が終結したわけではない。
　平成の大合併においては、大きく三つの必要性が語られていた。第一に、分権の受け皿となるため、あるいは少子高齢化社会に対応

するためなどの理由から、合併して市町村の能力を向上させるという議論。第二に、生活圏が拡大しているからそれに合わせて合併するべきだという議論。第三に、財政難などを背景に、合併によって財政の効率化を図るべきだという議論である。

その中でも、とりわけ合併すれば財政が効率化するという考え方が強力な影響力をもっていたのではないかと筆者は考えている。建前としては地方分権のためであったり、生活圏の拡大への対応であったりしても、現実には財政が立ち行かないからという理由で合併を選択した市町村がほとんどなのではないだろうか。

ここで重要なことは、財政が立ち行かないから合併するということは、裏を返せば合併すれば財政が好転すると考えているということである。財政が好転するのは、規模を拡大することが財政効率をよくすると信じられているからに他ならない。

そういった意識を形成する上で大きな役割を果たしたと思われるのが、市町村の適正な規模とはどの程度のものであるかについての議論である。中でも計量分析を用いた研究結果を元に、十万人や三十万人という数字が様々な場面で語られた。実際には、こういった研究には様々な限界点があるのだが、数字だけが独り歩きしてしまった面もある。

たとえば従来の研究の一つの限界として、農村部においても十万人を超えるような市町村が効率的だといえるのか、という問題がある。つまり、都市部においては、十万人を超えるような市はごくありふれており、それが適正規模だといわれてもすんなり受け入れられることだろう。しかし、農村部に目を移してみると、人口

十万人を確保するには膨大な面積にまたがる市町村が合併する必要がある。たとえば、奈良県吉野郡の全ての町村を合わせても人口四万五千人程度であり、それでも面積は 2,055km² もの広大な区域となってしまう。ここに近隣の五條市を加えたとしても、人口七万八千人程度と十万人には届かない（総務省 2016）。同じ人口十万人といっても、都市部と農村部では雲泥の差がある。

　それでも、農村部において十万人規模の合併を行うということに対して、とくに疑問を抱かない人も相当数いるのではないかと思われる。とりわけ都市部に暮らす人々にとっては、農村部の実情というのはなかなか実感が湧かないところもあるだろう。そうした中で、十万人や三十万人といった数字があまりにも明快であるがために、あたかもそれが絶対の真理のように受け取ってしまうのではないだろうか。総務省の市町村合併推進室長であった高島茂樹は次のように述べている。「全国の市町村の決算統計でみると、人口一人当たりの歳出額の平均は人口 2,000 人以下の市町村では 150 万円だが、人口 10 万人の市町村では 30 万円であり、規模の経済、スケールメリットが働くが、これを身近な自分の地域の合併問題に当てはめ、行財政のシミュレーションをすると、現在の自分たちが帰属している市町村の体制が非効率さを包含していることがよく理解してもらえる」（高島 2001: 8）。そして、「地方行政においてスケールメリットが働くことは、前述の通り自明である」（高島 2001: 9）と主張する。この議論においては、適正規模論についての限界は全くといっていいほど踏まえられていない。

　こうした数字は、専ら一人当たり歳出額が最小になる規模として

求められたものである。このように、一人当たり歳出額を最小にする規模を、「最小効率規模」と呼ぶ（林 2002: 61）。最小効率規模という言葉には、その規模が適正であるとか、最適であるという含みはない。そして、望ましい規模という意味では「適正規模」という言葉を使うことにする。なお、本書では規模を専ら人口規模として捉えつつ、歳出額と人口規模との関係に影響を与える要素として面積を考慮に加えている。

最小効率規模に関しては多くの疑問がある。最小効率規模として出てきた数字は、適正規模論全体の中でどのような意味をもつのだろうか。また、どうして最小効率規模についての研究だけが、明快な数字を示すことができるのだろうか。従来の最小効率規模の研究では、とりわけ農村部などに当てはめるにはあまりに非現実的な結論が出ることが多かったが、なぜそのような結論しか出なかったのだろうか。妥当な結論が導けないとすれば、これまでの方法に何か根本的な問題があったのではないだろうか。

本書では、適正規模論の中での最小効率規模論（スケールメリット論）の位置づけを明らかにしたうえで（第1章、第2章）、従来の最小効率規模論が本質的に抱えていた問題を明らかにし（第3章）、新たな方法での最小効率規模の算出を試みる（第4章、第5章、第6章）。そして、最終段階では再び最小効率規模論から適正規模論への発展を展望することにする（終章）。前半部分では、適正規模論および最小効率規模論についての先行研究を追いながら、その限界と課題を明らかにする。後半部分では、実際のデータに対して統計的手法による分析を加えることで、歳出額と規模との関係を説

明するためのモデルの構築を行う。

第1章　誰が適正規模を決めるのか？
― 住民自治と適正規模 ―

　適正規模を考える上で、住民はどのように位置づけられるだろうか。「一人当たり歳出額を最小にする規模」といったとき、住民は単なる数字であり、歳出額という従属変数に影響を与える独立変数に過ぎない。しかしながら、それぞれの市町村では異なる人格をもった一人一人の住民が生活を送っている。住民を客体として捉えれば、適正規模は機械的に決めることができるかもしれない。しかし、住民を主体として捉えれば、何が適正規模なのかを決めるのは、その地域に住む住民自身であるともいえる。本章では、自治権を巡る議論と、市町村合併の歴史を紹介しながら、住民自治の視点から適正規模を捉えることにする。

第1節　補完性の原理と自治権の本質

(1) 補完性の原理と住民自治
　「住民自治」は、自治体の運営が構成員である住民の意思によって行われているということを意味する。これに対して、「団体自治」は、自治体の運営が他の団体から独立した形で行われているということを意味する。一般に、住民自治と団体自治が車の両輪のように

機能することが、憲法第92条における「地方自治の本旨」の意味であり、どの程度団体自治を認めるかを決めるのは法律であると解されている（今川 2014：iii）。

　このような通説的見解に対して今川晃は、町並み保存運動や情報公開条例などにおいて地方自治体及びその住民が主導的役割を果たしてきたことを踏まえ、次のように反論している。「『住民自治』が『団体自治』のあり方を規定すると捉えたほうが、住民によるコントロールを保障し、住民の価値観を前提とするより幸せな地域形成ができるのではないだろうか。補完性の原理からみても適切である」（今川 2014：iii）。

　補完性の原理（基礎自治体優先の事務配分の原則）とは、「国民の生活に一番近い地方公共団体が公的事務を優先的に分担し、国民生活から距離をもつより包括的な地方公共団体はより近接的な地方公共団体が効果的に処理できない公的事務を補完的に分担し、中央政府は地方公共団体では効果的に処理できない全国民的な性質・性格の事務と中央政府の存立にかんする事務のみを分担するという事務配分の原則」（杉原 2002：53）である。補完性の原理はヨーロッパ地方自治憲章や世界地方自治宣言に採用され、2003年改正のフランス憲法にも盛り込まれた（山崎 2006：188）。

　この補完性の原理を根拠として、基礎自治体が合併して能力を高めるべきだという考えがある。たとえば、いわゆる『西尾私案』[5]には次のような記述がある。「これからの基礎的自治体は、今まで以上に『基礎的自治体優先の原則』や国と地方の関係における『補完性の原理』を実現できるものでなければならない。……基礎的自

治体が極力都道府県に依存せず、住民に対するサービスを自己財源により充実させていくためには、基礎的自治体の規模はさらに大きくなることが望ましい」(西尾 2002：1-2)。すなわち、補完性の原理を実現するためには、基礎自治体の規模をさらに大きくする必要があるというのである。ここでは、補完性の原理は規模の拡大を求めるものとして捉えられている。

同様に、元総務省市町村合併推進室長の高島茂樹は次のように述べている。「補完性の原理は、市町村ができなければ都道府県がやればいいというような内容の原理ではなく、市町村ができることを都道府県が奪ってはいけないというものである。……各主体は自らが自己改革努力を果たし、より広範囲な事務・事業を実施できる能力を身につけることが前提として求められている。現状に甘んじて、できなければ上位の組織体へ事務・事業を委ねるとする考えはない」(高島 2002：58-59)。ここでもやはり、補完性の原理は規模の拡大を求める原理となっている。

西尾や高島の見解において、住民はあくまで行政サービスの客体である。確かに、規模を大きくすることができれば、より広範囲の行政サービスをより効率的に行うことができるのかもしれない。しかし、それが住民の幸せにつながるかどうかは別問題である。今川の指摘するように、住民の幸せを決めるのはあくまでそれぞれの住民の価値観だからである。

このように考えれば、「住民に対するサービスを充実させていくために合併が必要である」という言説には、ある種の独善的意識が含まれているといえるだろう。このような言説において、住民の意

思とは無関係に適正規模を決めてしまっている主体はいったい誰なのだろうか。この疑問に対する答えを出すためには、自治権の解釈を巡る議論を踏まえる必要がある。

(2) 自治権の本質は何か

　自治権の解釈については、憲法学において主に「固有権説」「伝来説」「制度的保障説」の三つの説がある。固有権説とは、「地方公共団体は固有の自治権をもち、それ故に国家（中央政府）権力には限界があるとする」（杉原2002：148）考え方である。伝来説とは、「地方公共団体がどのような歴史的な由来や実体をもつにせよ、近代において統治権を単一・不可分のものとして所有する国家が成立し、地方公共団体がそのうちに取り込まれた後においては、地方公共団体を固有の自治権の所有者としては説明できず、その担当する統治権は国家から伝来したもの（具体的には国の意思決定機関の定める法律によって認められたもの）と説明するほかないとする」（杉原2002：149）考え方である。制度的保障説は、「広義の伝来説に属するもの」であって、「地方自治が憲法で認められている場合、憲法は、とくに歴史的伝統的に形成されてきた地方自治制度を確認して保障しているとすることにより、その本質的内容を法律等による侵害から擁護しようとする」（杉原2002：149）という考え方である。日本においては、伝来説の一種である、制度的保障説が通説となっている。

　伝来説的な考え方の妥当性について、「国」と「政府」という語の使い方という視点から論じてみよう。「国」という言葉について

第1章 誰が適正規模を決めるのか？

林健久は次のような指摘を行っている。

　しばしば、国の財政（予算）と地方の財政（予算）とを合わせて日本全体の財政（予算）だ、といわれる。この用語法に問題はないであろうか。ないとすると、地方は国ではないのであろうか。……それは言い掛りで、国を代表する中央の政府のことを、慣習的に国と呼んでいるのだという回答が与えられるかもしれない。たぶんそうであって、法的に、このような用法が定められているというわけではなさそうである。……外国語の場合……大部分は Central（連邦国家の場合は Federal）と Local の対比となっている。中国の予算でも、中央予算と地方予算とを合わせて国家予算と表記している。……日本語でも地方の対語は中央であって、国ではないのではなかろうか。ことによると、明治以来の官優位、中央優位の統治文化・行政文化が、こうした日本語の慣用を生み出したのかもしれず、そうだとすれば、地方分権の進展とともに、それへの反省がなされることになるかもしれない。（林2003：4-5）

　このように、日本では「国」と「政府」の区別が曖昧になっている。「国と地方」「国に陳情に行く」という文脈での「国」という言葉は、国土・国民・政府を合わせた「国家」を指すのではなく、単に中央政府のことを指している。この「国」という言葉は、地方政府に対する絶対的な権限を中央政府に与えるための媒介となっているのではないだろうか。たとえば、「地方自治体は国の機関に過ぎ

ないのだから、国に従うのは当然である」といったとき、初めの「国」は国家を指し、後の「国」は中央政府を指している。こうして「国」という言葉を媒介にすれば、国家＝中央政府という式が成り立つ。杉原が「君主主権下では、憲法が地方公共団体の在り方について特別の保障規定を設けていなければ、伝来説的見解が当然となる」（杉原2002：151）というように、日本ではまだ君主主権的な思想が色濃く残っているのではないだろうか。

　杉原泰雄は、この問題について次のような指摘を行っている。

　　統治権が「国」の所有物であることは間違いないが、そのことから国内でその統治権がどのように行使されるかがただちに決まるわけではない。中央政府は、統治権（統治の権利）の所有者としての「国」ではなく、地方公共団体とともに統治の権限を行使する存在にすぎない。中央政府がどのような権限をもち、地方公共団体とどのような関係をもつかは、憲法原理とそれに規定される憲法条項の定めるものである。
　　　　　　　　　　　　　　　　　　　　　　（杉原2002：35）

　このように杉原は、自治権がどのようなものであるかは、憲法の定めるところによるとする。現代の日本において、主権が国民にあることは、日本国憲法が国民主権を明記していることからして当然である。そして、中央政府と地方政府がどのような関係をもつかは、主権者である国民が憲法によって定めることになる。中央政府は主権の一部を委任されているに過ぎないのであるから、中央政府が地

方政府に対して干渉することが当然ということにはならない。あくまで、中央政府は憲法規定の範囲内で、地方政府への影響力を行使できるのである。このように考えるのが論理的にも明解であるし、憲法原理にも適っていると考えられる。

(3) 政府モデルの転換

自治権の本質を憲法原理と憲法規定に求めるとすれば、補完性の原理についてはどのように捉えることができるだろうか。

まず、伝来説的な考え方が前提とするモデルは、図1のような階層的なものであろう。階層型モデルでは、中央政府は国家そのものである。主権が国民にあるといいつつも、実際に主権を行使するのは「国」である。主権は一体不可分なものであるから、「国」は都道府県や市町村に対して優越的な地位をもつ。都道府県や市町村がどのような権限をもつかは、「国」が決定する。ここでは、自治権

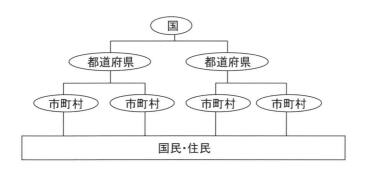

図1　階層型政府モデル
出典：筆者作成

は上から与えられるものである。確かにこのモデルで考えると、市町村合併によって市町村の能力を強化し、より多くの機能を「国」から身近な市町村に分けてもらうことが望ましいと考えることもできる。

　次に、杉原の考え方をモデル化すると、図２のように重層的なものになるであろう。重層型モデルでは、中央政府は国家を代表する政府であるが、国家そのものではない。あくまで地方政府と並ぶ、国家の中の一つの政府に過ぎない。主権者である国民・住民は、まず個人や家族、地域社会の力で必要を満たそうとする。個人や家族、地域社会でできないことは、主権の一部を委任した地方政府を設立し、サービスを共同で実施しようとする。地方政府でできないことは、主権の一部をより広域の地方政府や中央政府に委任してサービスを実施しようとする。それぞれにどのような権限を与えるかは、国民・住民が憲法によって規定する。国民・住民が必要に応じて政府を設置するのであるから、必要な機能があって初めて政府が存在しうるということになる。ここでは、自治権は下から積み上げられるものである。基礎自治体がより多くの機能を獲得するために、規模の拡大を図ることは、ここでは必然とはいえない。規模が拡大すれば、より多くの機能をもつことができる反面、より狭い範囲に適した機能は効率的に実施できなくなる可能性がある。市町村の規模が拡大すると、市町村政府自体が、遠い政府となってしまうからである。そうなると、より狭い範囲に、新たな政府を設置する必要性が出てくる。つまり、補完性の原理は、合併を行ってでも基礎自治体にできるだけ多くの機能を配分するという原理ではなく、それぞ

第1章　誰が適正規模を決めるのか？

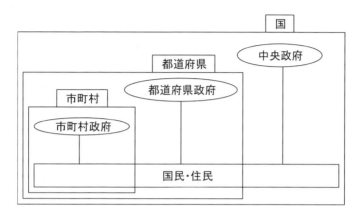

図2　重層型政府モデル
出典：筆者作成

れの機能を最も適切な規模の政府に配分するという原理であると捉えるべきであろう。

　このように、住民を主体として捉える積極的な住民自治論を前提とすれば、自治体の規模はどの程度が適正かを決めるのは一人一人の住民であるといえる。それでは、実際の市町村合併の歴史において、適正規模はどのようにして決められてきただろうか。

第2節　市町村合併の歴史と適正規模

(1) 繰り返された大合併[6]

　日本は近代以降、明治の大合併・昭和の大合併・平成の大合併と、全国規模の市町村合併を三度経験した（図3）。他方、都道府県の区域については、明治初期を除いては大きな変化はなかった。

19

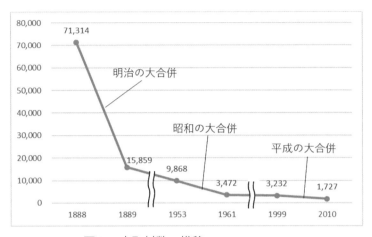

図3　市町村数の推移
出典：国土交通省（2005）を一部改変

　明治の初期、藩はそのまま存続し、新たに府県が置かれた。1871（明治4）年廃藩置県が断行されたが、範囲はそのままであり、3府302県となった。その後、政府は府県の統合を進め、1888（明治21）年には、46府県・庁と、ほぼ現在の姿となった。

　明治政府は1871（明治4）年に戸籍法を布告し、戸籍管理のための区を設けて、戸長・副戸長を置くこととした。1872（明治5）年から翌年にかけて、旧来の庄屋・年寄・百姓代などの村役人を廃止して新たに戸長・副戸長を置き、行政の末端単位として大区・小区が置かれるようになった。しかし、大区・小区制度は「それぞれの地方によってまちまちであり、しかもたびたび改正されていった」（大石2007：24）という。大区・小区制によって、旧来の町村は否定されたはずであったが、「地租改正をはじめとする地方行財政事務およびその費用の負担は、事実上旧町村単位に行われ、当時の

地方財政の主軸であった『民費』の課出は、旧来の町村組織に多くを依存しなければならなかった」(大石 2007：25)。

　1878 (明治 11) 年、「郡区町村編制法」が施行された。大区小区は廃止され、旧来の郡町村が復活した。町村は行政の基礎的単位として認知され、各町村に戸長を置くことが原則となった。戸長はしばらく公選であったが、1884 (明治 17) 年には官選となった。府県により違いがあるようだが、複数の町村をまとめて連合戸長役場が置かれることもあった。

　1888 (明治 21) 年、市制・町村制の公布に伴い、大規模な町村の再編が行われた。この明治の大合併によって、七万余りの市町村が約一万五千に減少した。戸数三百戸を基準に合併が進められたが、実際には県に合併の決定権が与えられたため、合併の推進方法は県によって異なっていたようである。

　昭和の大合併は 1953 (昭和 28) 年から 1961 (昭和 36) 年にかけて行われた。1953 年に 9,868 あった市町村が、1961 年には約三分の一の 3,472 にまで減少した。昭和の大合併では、人口八千人を基準に合併が進められた。直接的な強制はなかったが、総理大臣の勧告権が認められるなど、最終的には半強制的な手法が用いられた。

　平成の大合併は 1995 年から 2010 年にかけて行われた。ただし、本格的な合併推進が始まるのは 2000 年頃からであり、合併が実際に行われたピークは 2005 年頃である。1999 年 3 月 31 日時点で3,232 市町村 (市 670 町 1994 村 568) であったのが、2010 年 3 月 31 日には、1,727 市町村(市 786 町 757 村 184)にまで減少した。

平成の大合併では、明確な人口の基準は示されず、あらゆる規模の市町村について合併が推進されてきた。2005年5月に告示された『自主的な市町村の合併を推進するための基本的な指針』では、都道府県が構想の対象とすべき市町村を、「(1)生活圏域を踏まえた行政区域の形成を図ることが望ましい市町村、(2)更に充実した行政権能等を有する指定都市、中核市、特例市等を目指す市町村、(3)おおむね人口1万未満を目安とする小規模な市町村」としている（総務省2005）。このように、小規模市町村については人口一万人を基準とすることが示されているものの、全体としてはあらゆる規模の市町村について合併が推進されてきたといえる。市町村数では、平成の大合併が始まった当初の約三分の一である千を目標に合併が推進されてきた。

　また、平成の大合併では自主的な合併ということが強調されてきた。しかし、2005年4月施行の新合併特例法では、都道府県知事の勧告権が新設されるなど、半強制的な手法も若干取り入れられた。

(2)　奈良県葛城市における再編過程

　続いて、明治・昭和・平成の三度の大合併を経験した地域である、奈良県葛城市を事例として、明治以来の再編の過程を具体的に辿ってみよう[7]。葛城市は奈良県中西部に位置する、人口37,170人（2017年1月1日現在）の市である。2004年10月、北葛城郡新庄町と同郡當麻町との合併により誕生した。なお、ここでは混同を避けるため、明治の合併によって誕生し、町制を施行した新庄町を新庄町(M)、昭和の合併で誕生した新庄町を新庄町(S)と表記する。また、

第1章　誰が適正規模を決めるのか？

　明治の合併によって誕生した當麻村を當麻村（M）、昭和の合併で誕生した當麻村を當麻村（S）と表記する。

　1868（明治1）年5月、奈良県が成立する。ただし、この時点では大和国の旧幕府領と社寺領が含まれるのみであり、大和国にあった八つの藩の領地や大和国外の諸藩の領地は含まれなかった。大和国全域を含む、現在の奈良県が成立するのは、1871（明治4）年7月の廃藩置県の後、同年11月のことである。

　1872（明治5）年、奈良県は前年4月に施行された戸籍法に基づき、『戸籍編成手順書』を配布した。手順書では、一郡を一つの大区とし、数ヶ町村を一つの小区とすることが定められていた。この手順書に基づき、奈良県内には15の大区と199の小区が成立

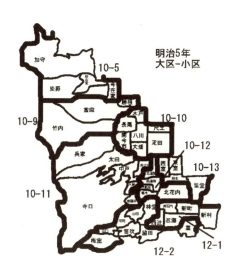

図4　明治5年の行政区画
　　　出典：筆者作成

した。現在の葛城市を含む葛下郡と忍海郡は、それぞれ第十大区と第十二大区となった。小区の区分については図4の通りとなっている。

　こうして成立した大区・小区制度であるが、この後たびたび改変が加えられることになる。1874（明治7）年、「会議所条例」[8]の制定に伴い、大区・小区が再編成された。これにより、現在の葛城市の領域は、第三大区と第五大区に属すこととなり、小区も再編成された。1876（明治9）年4月、奈良県は堺県に合併された。この合併に伴い、現在の奈良県の領域は5の大区と24の小区へと大きく再編成された。これにより、現在の葛城市の領域は、隣接する村々とともに、大和国第四大区一小区に含まれることとなった。

図5　明治13年の行政区画
　　　出典：筆者作成

第1章　誰が適正規模を決めるのか？

　1878（明治11）年には「郡区町村編制法」が施行され、大和では、奈良・三輪・御所・五條の各所に連合郡役所が置かれた。葛下郡および忍海郡は、御所町の「高市・葛上・葛下・忍海郡役所」の管轄となり、管内に七つの連合戸長役場が置かれた。現在の葛城市の領域は、大部分が第2連合戸長役場の管轄となった（図5）。1881（明治14）年2月、大和国を含む堺県は大阪府に合併される。この合併に伴って、今度は各村に戸長役場が置かれるようになる。しかし、1884（明治17）年には再び連合戸長制となる。なお、奈良県が大阪府から分離独立をするのは、県民による復帰運動を経た1887（明治20）年11月のことである。

　1888（明治21）年、市制・町村制が発布され、奈良県には10町・144村が成立した。明治の合併は上からの合併と言われるが、奈良県においては各町村の意向がある程度尊重されたようである。合併の手順としては、各町村が三〜五名の惣代を選び、合併の議を進め、まとまれば『町村合併願』を郡長経由で知事に提出する、という形で合併が進められた。ただし、葛下郡の場合、御所郡役所の郡長が1町7村の合併案を作成し、まさに上からの合併を行おうとしたようである。しかし、この合併案に多くの町村は難色を示し、結局は町村の意向に沿った形で、1町11村1組合が成立することになった。葛城市域では、ほぼ現在の小学校区にあたる、新庄村と忍海村、當麻村（M）と磐城村が成立した。なお、新庄村は1923（大正12）年に町制施行し、新庄町（M）となる。昭和の合併まではこのままの区域が維持された[9]。

　こうして江戸時代からの自然村は解消されたかに見えた。しかし、

明治の合併後も旧村には条例によって若干名の常設委員が置かれ、旧村の自治は残されることになる。旧村の財産および営造物の管理、処分、歳入出予算、決算などは、新しくできた村会ではなくて、旧村ごとの常設委員で審議され、村会に報告された。例えば磐城村では、合併と同じ1889(明治22)年に常設委員を設置するための条例が制定されている。1903(明治36)年には、常設委員が廃止され、区長および代理者を置くこととなった。この時つくられた区長制度は、昭和・平成の大合併を経た現在においても維持されている。

　戦後になり、1956(昭和31)年には、新庄町(M)と忍海村が合併して新庄町(S)が、當麻村(M)と磐城村が合併して當麻村(S)が成立する。新庄町(S)はこの後、大字東辻および北十三を南葛城郡御所町に分離した。また翌年にも、大字柳原・出屋敷・今城を御所町に分離した。平成の大合併に至るまで、このままの区域が維持されることになる。なお、當麻村(S)は、1966(昭和41)年に町制施行し、當麻町となった。

　2002年4月、新庄町・當麻町合併協議会が設置された。審議が進んだ後、アンケート名目の住民投票において當麻町で反対票が多数となり、一旦は合併が白紙となるかにみえた。しかしその後、「三万人特例」が延長されたことから、再び合併の機運が高まった。最終的には大字総代会・区長会[10]の同意のもと、再度住民投票が行われることなく合併が議決された。こうして2004年10月、葛城市が誕生し、現在に至っている。

(3) 小中学校区と合併の関わり

　現在の葛城市には、新庄小学校、新庄北小学校、忍海小学校、當麻小学校、磐城小学校の五つの小学校と、新庄中学校、白鳳中学校の二つの中学校がある。このうち新庄北小学校は近年に設立されたものであるが、それ以外の小中学校については、明治の合併による村の区域が小学校区、昭和の合併による町村の区域が中学校区にほぼ相当する。

　まず小学校と明治の合併の関わりをみると、小学校区の統合が明治の合併に先んじて、しかも明治の合併を先導するように進んでいく様子が分かる（図6）。町村制の施行に伴って明治の合併が行われたのは1889（明治22）年のことである。それ以前の、大区・小区制における区分と、明治の合併による区分には、大きな差がある。郡区町村編制法下における連合戸長役場の区分になると、明治の合併による区分にかなり近づいているが、細部で違いがある。それに対し、新庄小学校の成立過程をみると、1884（明治17）年の時点では、すでに後の新庄村の区域に小学校区が置かれていた。さらには、1876（明治9）年の時点においても、後の新庄村の区域は二つの小学校区と一致する。忍海小学校にしても、後に新庄町(S)から分離する柳原村と、当時その柳原村と合併していた新村を除いては、1886（明治19）年の時点で既に後の忍海村の区域を校区としている。當麻小学校についても、最北に位置する大字加守を除けば、1879（明治12）年の時点で同じことがいえる。磐城小学校についても、1875（明治8）年ないし1976（明治9）年の時点で、後の磐城村の区域とちょうど重なる範囲に二つの小学校区が置かれ

ている[11]。

次に、中学校と昭和の合併の関わりを見ると、白鳳中学校につい

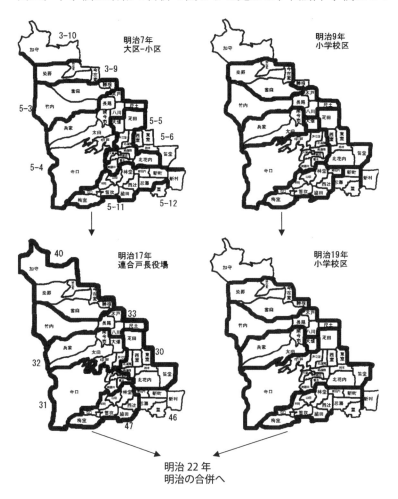

図6　小学校区と行政区域の変遷(1)
出典：筆者作成

第 1 章　誰が適正規模を決めるのか？

図 6　小学校区と行政区域の変遷(2)
出典：筆者作成

ては小学校と同様の傾向が伺える。昭和の合併によって當麻村（S）が成立するのが 1956（昭和 31）年のことである。白鳳中学校が成立したのは 1951（昭和 26）年であり、この時点では當麻村・磐城村学校組合立の中学校であった。さらにさかのぼれば、1949（昭和 24）年の時点で、既に両中学校を統合するという構想が持ち上がっていた。なお、新庄中学校についてはこれとは逆に、新庄町（S）が成立して 4 年の後、1960（昭和 35）年になって初めて両中学校が統合している。

　このような変遷を辿った小中学校区は、大区・小区などと同様に機械的に設定されたものではなかったのだろうか。この点について考察するため、葛城市におけるそれぞれの小学校の成立過程につい

て詳述することにする。

　現在の新庄小学校の成立過程については、次のようになっている。1874（明治7）年の時点で、新庄・葛木・大屋・南藤井・南道穂・北道穂に「篤行舎」、寺口に「普及舎」、中戸・弁之庄に「時習舎」、笛堂に「開進舎」、西室・東室・柿本・北花内に「周知舎」、疋田に「智進舎」がそれぞれ成立している。1876（明治9）年には、これらの小学校は早くも統合し、新庄小学校と花内小学校が成立する。1884（明治17）年には、この二校が統合し、新庄小学校が成立する。その後、1886（明治19）年に一旦、新庄尋常小学校と柿本尋常小学校に分かれるものの、1889（明治22）年に再度統合している。

　現在の忍海小学校の成立過程については、次のようになっている。1874（明治7）年の時点で、南花内・西辻・林堂・山田・平岡・山口・笛吹・梅室・脇田に「西辻小学校」、忍海・新町・薑を含む地域に「薑小学校」、柳原に「柳原小学校」が成立している。1886（明治19）年に西辻小学校と薑小学校が統合し、忍海小学校となる。1889（明治22）年には柳原小学校も統合され、忍海尋常小学校が成立している。

　現在の當麻小学校の成立過程については、次のようになっている。1874（明治7）年の時点で、當麻に「致芳館」、染野・新在家・今在家に「麟角舎」が成立している。勝根と加守にも小学校が成立していたが、それぞれ野口小学校と磯壁小学校に付属するという形を採っていた。1876（明治9）年には、「致芳館」と「麟角舎」が統合して當麻小学校が成立し、1879（明治12）年には勝根が、1891（明治24）年には加守がそれぞれ統合されている。

現在の磐城小学校の成立過程については、次のようになっている。1874（明治7）年の時点で、太田・兵家・南今市に「学思館」、竹内に「最駑舎」、木戸・尺土・八川に「興譲館」、長尾に「励行館」がそれぞれ成立している。1876（明治9）年には、「最駑舎」「興譲館」「励行館」が統合して、長尾小学校が成立する。1889（明治22）年には、これらが統合して、磐城尋常小学校が成立している。

奈良県が堺県さらには大阪府に編入されたことで、県内の行政区画はめまぐるしく変化した。しかし、小学校区にはあまり変更が加えられていない。奈良県は1876（明治9）年堺県に併合され、1881（明治14）年大阪府に併合されている。複数の小区に分かれていたが、1876年には葛城市のほとんどの地域が第四大区第一小区となった。郡区町村編制法下において、四つの連合戸長役場の管轄となっていたのが、1881（明治14）年には各村戸長役場となった。これに対し、1876（明治9）年には一部の地域において小学校区の統合がみられるが、地域全体を巻き込むような動きは起こっていない。

また、こうして設定された小学校区は、ほとんど変更が加えられることなく、現在まで存続している。もし、小学校区が地域の一体性という点で不合理な地域区分であったとすれば、現在までに何らかの変更が加えられているはずである。しかし、実際には、人口増加に伴う学校の新設を除いては、小学校区の変更は全く行われていない。

以上のことから、明治初期における小学校区の設定に関しては、機械的な区割というよりむしろ、地域における必要性から生じた区

割であると推測できる。学区を設定すること自体は明治政府の方針によるものであるが、実際に学区を設定するに当たって地域の一体性への配慮が行われていたのではないだろうか。

　中学校区については、昭和の大合併が新制中学運営のために行われた面がある。つまり、昭和の合併が強制的に行われたとすれば、中学校区の設定は強制的に行われたと考えることもできる。しかし、本論で示したように、実際には中学校区の統合が昭和の大合併に先行している事例がみられ、ここでも機械的な区割というよりは地域における必要性から生じた区割であったといえるのではないか。

第3節　住民主体の適正規模論の必要性

　この章のまとめとして、適正規模を論じる際の住民の位置づけについて、三つの視点を提示する。第一に、住民を「人口」という数字として捉えた場合。第二に、「行政サービスの受け手」という客体（あるいは顧客）として捉えた場合。第三に、「自治の担い手」という主体（あるいは主権者・主役・主人公）として捉えた場合である[12]。

　まず、住民を「人口」として捉えてみよう。平成の大合併の渦中に強く主張されたように、適正規模が十万人や三十万人といったとき、住民はただの数字として扱われている。ここにおいて住民は、歳出額という従属変数に影響を与える一つの独立変数でしかない。そして、一人当たり歳出額を最小にする規模こそが適正規模である、ということになる。しかし、もちろんのことながら、住民はただの

第1章　誰が適正規模を決めるのか？

数字ではない。数合わせだけの地域区分では上手くいかないこともある。その一例が、先に見た明治初期における行政区画の混乱である。

次に、住民を「行政サービスの受け手」として捉えてみる。すなわち、企業における顧客のように、住民を捉えるということである。この場合、より効率的にというだけでなく、よりよいサービスを供給することで、住民満足度を最大化するということが目指すべき価値だということになる。仮に、合併によって役所機能を強化することで、よりよいサービスを住民に提供できるのであれば、自治体は積極的に合併すべきだという結論になるだろう。このような考え方は、一見よい考えのようにも思える。住民が満足するならそれでよいではないか、という主張はもっともである。

では、次のような状況はどうだろう。【合併すれば住民へのサービスが向上し、住民満足度が上がるはずなのに、なぜか住民は合併に反対している】という状況である。もちろん、全ての住民が合併によって起こりうる影響について熟知しているわけではないため、根気強く説明すれば納得してもらえる可能性はある。しかしながら、「今は反対していても、いつか分かってくれる」と、反対を押し切った形で合併を進めてしまう場合もあるだろう。葛城市のケースはまさにこのような状況であった。住民を客体として捉えた場合、このような行政の「親心」も正当化されることになる。

住民を、単に行政サービスを受けるだけの顧客ではなく、自治を担う地域の主体と捉えるのが住民自治論である。住民が主体とは、補完性原理のところで説明したのと同様に、地域の自治権の源泉を

個人に求める考え方である。仮に、行政がサービス供給を上手くやってくれないという状況があったとする。このとき、住民を客体として捉えると、住民にできることは行政に苦情や要望を言うことだけである。行政に対して「何とかしろ」というのが客体としての住民である。それに対して、住民を主体として捉えると、住民自身が仕組みの改善をすることができるし、するべきだということになる。問題に対して、「どうやって改善しよう」と考えるのが主体としての住民である。

　ここで再び、【合併すれば住民へのサービスが向上し、住民満足度が上がるはずなのに、なぜか住民は合併に反対している】という状況を考えよう。住民を主体として考えれば、まず前提とするべきは、「地域にとっての問題は何か」ということである。仮に住民が、行政サービスの向上よりも地域の一体性や地域への愛着を重視して合併に反対しているのであれば、無理に合併をする必要はないということになる。

　本書の後半で行う分析は、この三つの視点のうち、住民を数字として捉えたものであることに相違ない。しかしながら、本書の根底には住民を主体として捉える発想がある、ということを踏まえた上で、次章以降に進んでいきたいと思う。

第2章 適正規模は何によって決まるのか？
― 適正規模についての理論的検討 ―

本章では、市町村の適正規模についての理論を検討する。市町村の適正規模はあるといえるのか。あるとすれば、適正規模は何によって決まるのか。ないとすれば、合併など規模に関わる問題をどのように扱えばいいのか。これらの視点から、先行研究の到達点を明らかにしたい。

第1節 適正規模の捉え方

まずは、適正規模についての先行研究を俯瞰しておこう。適正規模に関する代表的著作としては、Dahl と Tufte の *Size and Democracy* が挙げられる。これは規模と民主主義に関する論考である（Dahl and Tufte 1973）。時を同じくして、Schumacher が *Small is Beautiful: Economics as if People Mattered* の中で、小規模であることのよさを主張している（Schumacher 1973）。海外では、効率性の観点と民主主義の観点から、多くの実証研究が行われている。Martins はヨーロッパで行われた実証研究について、詳細なレビューを行っている（Martins 1995）。Larsen はデンマークの市町村について民主主義の観点から実証研究を行っている（Larsen

2002)。オーストラリアでは、合併の動きについて批判的な立場から、小規模自治体の利点を強調した議論が多くみられる（Allan 2003; Dollery 2003; Dollery, Byrnes and Crase 2007; Dollery and Crase 2004）。Seitz は、ドイツの広域自治体について、市民参加の観点から実証研究を行っている（Seitz 2008）。

　日本においても、多様な方法で適正規模の研究が行われてきた。長浜はアメリカの行政学者らの議論を手がかりに、地方自治と区域の問題について考察している（長浜 1957）。内田は自治の観点から都市規模のあり方について考察を行っている（内田 1978）。飯塚と中村 は、関東四都県(東京・神奈川・埼玉・千葉) の都市自治体へのアンケート調査結果を整理・分析し、そこで得られた論点を軸に、都市規模とコミュニティ規模を論じている（飯塚 1986; 飯塚・中村 1986）。新川は、一人当たり経費という観点から適正規模について考察を行っている（新川 1988）。佐藤は、区域と機能の衝突という観点から、市町村合併・広域市町村圏について考察を行っている（佐藤 1990）。長峯は平成の大合併を総括する中で、公共財の理論からみた市町村の適正規模について論じている（長峯 2010）。

　近年では、適正規模の研究は計量分析を用いたものが中心になっている。詳細については次章で検討することにするが、代表的なものとしては、吉村によるものが挙げられる（吉村 1999）。こういった計量分析による適正規模論に対しては、根強い批判がある。

　これらの文献では、そもそも適正規模はどのようなものとして捉えられているだろうか。この点については、三つの考え方がある。

第2章 適正規模は何によって決まるのか？

　第一に、均衡点としての適正規模である。例えば、吉村は「人口当たり歳出総額を最小にするという意味での最適都市規模は人口二十万人程度」（吉村 1999: 2）という結論を導き出している。これはつまり、ある一点において、市町村の規模は最適になるという考え方である。また、住民の選好を反映しやすく、きめ細かな対応をしやすいという小さな町のメリットと、規模の経済性という大きな町のメリットの両方を勘案した上で、その妥協点として適正規模があるという考え方もある（長峯 2010: 53-54）。

　第二に、上限ないし下限としての適正規模である。Schumacherは、都市問題の発生という観点から、都市規模の上限は五十万人程度であるが、下限を求めることは難しいと主張している（Schumacher1973 ＝ 1986: 87）。飯塚と中村も、市民参加の観点から、都市規模の上限は二十万人程度と主張している（飯塚・中村 1986: 49）。今井は、日常生活圏が地域の一体性の上限であり、自治体政府の規模の上限でもあると主張している（今井 2008: 63）。これらはいずれも、上限があるとする考え方である。他方、新川はコストの面から、人口当たり歳出総額でみて経費が安くつくのは、町村では八千人以上、都市では五万五千人以上四十三万人以下だと結論づけている（新川 1988: 238）。このように、上限あるいは下限のみを考えることもできるし、一定範囲に収まっていれば適正であると考えることもできる。

　第三に、単一の適正規模は存在しないとする考え方である。DahlとTufteは、適正規模は存在するかという問いに対して、次のように答えている。「我々の考えでは、答えは明らかにノーだ。問題に

よって、必要な政治単位の規模は違う。実際に、近代国家は例外なく、現実問題としてこの事実を認識している」(Dahl and Tufte 1973: 135、筆者訳)。つまり、均衡点にせよ、上限や下限にせよ、全てにおいて当てはまるような普遍的な適正規模というものを考えること自体、意味がないとする考え方である。

第2節　適正規模の決定要因

このように多くの考え方があるのだが、ここではひとまず適正規模というものが存在することを仮定して議論を進めたいと思う。もし適正規模が存在するとすれば、それは何によって決まるといえるのだろうか。適正規模の問題は従来、効率性と民主性の観点から研究されることが多かった。しかし、多くの研究が行われていながら、確かな結論はまだ出ていない。また、より現実的に考えるならば、それ以外にも機能、一体性、重層性などとの兼ね合いも考慮する必要が出てくる。

(1) 効率性の観点

効率性の観点では、最小効率規模の議論が多数行われている。これは、一人当たり歳出額が最小となるような規模を、計量分析によって求めようとする研究である。ここで中心になるのが、規模が大きくなるほど効率性が向上するという議論である。つまり、規模の経済が働くということが一つの前提になっている。他方、一定以上の大きさになると規模の不経済が働くとすれば、均衡点としての適正

第2章 適正規模は何によって決まるのか？

規模が求められることになる。こういった規模の経済・不経済に着目した議論は、合併議論の中でも盛んに取り上げられた。

ただし、吉村は自身の研究について、以下のように一定の留保を置いている。「市町村合併はただやみくもに推進されるべきではなく、本書におけるような地方財政の観点からだけでなく、産業経済や、さらに地方自治、コミュニティなど、広範な観点から検討されなくてはならない。しかも、広域市町村圏など既存の広域行政権にとらわれることなく、まして、統計的に導出された一般的傾向性にのみとらわれるべきでもない。その意味で、本書で明らかにされる最適都市規模に従って一律に市町村合併が進められるべきであると、筆者が主張しているわけではないのはいうまでもない」（吉村 1999: 16）。しかしながら、こういった限界に目をとめることなく、十万人、二十万人という数字だけが独り歩きしてしまったのが現状ではなかっただろうか。

こうした最小効率規模論について、批判的な見方もある。今井は、こうした議論は、現在ある自治体の規模と財政を比較考量して「適正規模」を求めているにすぎないと批判する（今井 2008: 58）。つまり、合併前の自治体について調べても、これから行われる合併の判断には役に立たないということである。また、「そもそも自治体財政調整制度がこのように設計されていることを改めて確認しているにすぎないのではないか」（今井 2008: 62）とも述べている。つまり、歳出額は交付税などの影響を強く受けているのだから、それを分析したところで普遍的な適正規模を弾き出すことはできないのではないかという疑問を呈しているのだ。

Martinsは効率性について次のように結論づけている。効率性には、人口規模で説明できるものと、他の変数が適するものがある。また、効率性は組織改革や生産技術によっても変化するものである。そして、実際には、市町村間協力や規模ごとの事務配分が行われている。さらには、サービス実施を切り離すこと（委託）も可能である。以上のことから、合併だけが効率性向上の手段であるとはいえない（Martins 1995）。

　以上のように、人口規模と効率性との間に一定の相関が認められるのは事実である。しかし、Martinsが指摘するように、実態との間にはなお大きな溝がある。つまり、最小効率規模論というのは、多くの暗黙の前提を置いた上での議論である。人口と歳出額との関係だけをもって、適正規模かどうかを計ることはできないのである。

(2) 民主性の観点

　民主性の観点では、規模が小さいほど民主主義がよく機能するという議論が主流であった。これはギリシャ時代から18世紀末まで、脈々と受け継がれてきた考え方である（Dahl and Tufte 1973: 4）。このように、民主主義がよく機能するかどうかということも、適正規模を計る上での一つの基準となり得る。

　この点について、Martinsは次のように結論づけている。「人口規模が市民参加に与える影響に関して、民主主義は規模に応じて減少する機能であると、広く信じられていることを認識する必要がある。しかし、この問題について研究した国で得られた根拠からは、この考えが正しいことを証明できない。地方の公共活動への市民参

第2章　適正規模は何によって決まるのか？

加の仕組みの類型は、市町村の規模によってある程度変わる。しかし、地方レベルにおける政治家への市民のアクセス性や、当然ながら市民一人当たりの公選職の数を除けば、非政府組織への加盟やボランティア活動への参加などについて測定した限りでは、地方団体の合併によって地方の公共活動への市民の親近感や関心が高まることが多い」（Martins 1995: 457、筆者訳）。つまり、規模が小さいほど民主主義にとって有利であるということを明確に示す結果は得られていないし、逆に規模を大きくすることで民主性が高まることを示唆する結果が得られる場合もあるということだ。

　Larsen も同様に、次のような結論を述べている。「全体として分析結果が示すこととして、近接性の主張の背後にある多くの主要な仮定は、実証的には根拠がない。投票率、広義の組織への参加、政治家や市町村職員との直接の接触は、小規模な市町村で高くなる。しかし、このことは地方自治への関心の高さ、知識、好意的な見方にはつながらない。とりわけ後者の結果は、この分野の従来の研究からすれば驚くべきものだ。とはいえ、結果の解釈は大部分において、民主主義の規範的な考え方に依存する」（Larsen 2002: 330、筆者訳）。つまり、規模が小さいと、政治家との接触といった物理的距離は確かに縮まるが、地方自治への関心といった精神的距離が縮まるわけではない、ということになる。

　このように、とりわけ量的な実証研究の上では、規模と民主主義の関係について伝統的に信じられてきたことを反証するような結果が得られている。ただし、Larsen が述べているように、民主主義をどのようなものとして捉えるかによって、結果の解釈は異なって

くる。結局のところ、民主主義に関しても、適正規模を一律の基準で決めてしまうことはできないのである。

効率性と民主性の観点を考えただけでも、適正規模論の複雑性は明らかだが、この他にもいくつか重要な視点がある。ここでは、機能の問題、一体性の問題、重層性の問題を取り上げる。

(3) 機能の問題

まず、担うべき機能によって適正規模は変わりうるという問題がある。佐藤は次のように述べている。「地方自治体の区域は、時代の変化とともに、その展開すべき機能と十分に対応できなくなってくる。こうなると、受け皿となる区域を変えるか、もしくは機能を別の次元の単位に移すかしなければならなくなる。この変更や移動は、多くの場合、機能の側が区域の拡大を要求することによって引き起こされるが、ときには従来過度の集権体制のもとで広域単位に握られていた機能を狭域単位に移すことが必要となることもある。また、区域の変更の場合、基礎単位や中間団体の合併という最後手段を取るとは限らず、何らかの水平的な協力方式で十分間に合うことも少なくない」(佐藤 1990: 303)。つまり、そもそもどのような機能を担うことを予定するかによって、適正規模はいくらでも変化しうる。そのため、いつの時代にも通用する普遍的な適正規模というものは存在しないということになる。また、機能に合わせて規模を変えるだけでなく、規模に合わせて機能配分を変えるということも可能だということである。

まず機能の面を考える必要があるという点については、新川も

第2章 適正規模は何によって決まるのか？

サービス水準とコストという観点から同様の主張をしている。「中央政府による関与が問題である点はさておくとしても、シャウプ勧告、神戸勧告以来、わが国の地方自治体が一定の行財政能力をもたねばならないという、一方向的・直線的な思想は、中央・地方を問わず見受けられる（…中略…）しかし地方自治体の行政サービスの水準が、現状ほどでなくてもよいという議論もなくはない（…中略…）行政サービスと行政コストが、当該自治体住民によってまず判断されるべきであるとすれば、規模とコストの議論は、いま少し異なる観点からみてしかるべきかもしれない。たとえば、まず行政サービス領域の選択、次いでサービス水準の決定、供給方法とコストの評価、それに必要な行財政能力と規模の決定、というような筋道で、住民自身が自己の負担と考えあわせて自治体の在り方を取捨選択できないものであろうか」（新川 1988: 248-249）。このように、本来であれば、どのような機能を担うかを決定してはじめて、それに必要な規模を議論することができるようになるのではないだろうか。

　新川のいう「地方自治体が一定の行財政能力をもたねばならないという、一方向的・直線的な思想」は、総合行政主体論と呼ばれるものである。総合行政主体論の元では、能力の不十分な市町村は権限の縮小や強制合併を迫られることになる。原田はこの点について、次のように述べている。「市町村は、その規模・能力にかかわらず基本的に一律の権限のもとでフル規格型の行政体として存在し続けようとする限り、こうした検討が提起されるのはある意味でやむを得ない面がある。現行の制度を維持しようとすると、どんなに小さ

な町村であっても、財政力の不足は地方交付税や国・都道府県庫補助金で、能力の不足は都道府県の指導により充足されるという、いわば『護送船団』の仕組みをとらざるを得なくなるからである。しかしながら、地域が『護送船団』の仕組みからの決別を図るのだとしたら、かつての北海道で適用されていたように、国が制度として市町村に等級をつけたり、強制的に合併させるようなやり方は、住民の意思や個性を最大限発揮しようとする自治の活力を奪うことになりかねない」(原田 2003: 225)。つまり、これまではフル規格型の行政体を財政調整によって支えてきたのだが、それが困難になってきたからといって、権限を強制的に奪ったり、強制合併を行ったりするのであれば、自治に背くことになるというのだ。

今井はこの総合行政主体論を、「際限のない市町村合併、ひいては道州制に至る制度改革論の根本にある考え方」(今井 2008: 101)であるとし、次のように批判している。「事務の広範性が求められれば求められるほど、事務の統合性にとっては困難を生み出す。仮に行政主体が単層化されても、業務範囲は拡大するのでますます組織や職員は横に広がってしまい、統合性を喪失するからである。このように総合性を構成する事務の広範性と統合性は、概念そのものは両立しうるが、現実の場面では二律背反的に現れることになる」(今井 2008: 262)。ここでの批判のポイントは、広範性と統合性とが対立するということである。つまり、今井は総合性を、広範な事務を実施すること(広範性)と、その事務を単一の主体が実施すること(統合性)に分けて考えているわけだが、その広範性と統合性が両立するのは現実的に困難であるということである。

第2章　適正規模は何によって決まるのか？

　それでは、「際限のない市町村合併」への道をひた走らないためには、規模と機能の問題をどのように考えればよいのか。市川は次のように述べている。「自治体はきわめて多種多様な行政課題や行政需要に対応している。その中には、現行の区域で適切に対応できるものもあれば、より広域的な区域の方が対応しやすいものもあるだろうし、また逆に、より狭域的に対応した方が望ましいものもあるだろう。最適な処理単位は、事務の種類によってまちまちである。したがって、ある特定の行政課題を取り上げて、それが現行の区域では不十分にしか対応できないことを指摘しても、そのことが直ちに区域の広域化を正当化する論拠とはなりえない」（市川 2004: 47）。つまり、仮に特定の事務についてはより大きな規模で担うのが望ましいとしても、それだけでは自治体として規模の拡大を行う理由にならないということだ。逆にいえば、現在の規模でうまく実施できない事務が一つでもあれば合併して規模を拡大させなければならない、という考え方では、今井がいうように自治体の規模は際限なく広がってしまう。

　だからといって、機能と規模を全く分けて考えることはない。市川は先の部分に続けて、次のように述べている。「もしある特定の事務や行政課題がその自治体の事務全体に占める比重や戦略的な位置づけがきわめて大きいのであれば、自治体の区域を、その事務や行政課題に適切に対応できる区域へと拡大すべきであろう」（市川 2004: 47）。そして、そういった事務の例として、明治の大合併における小学校の運営と、昭和の合併における中学校の運営を挙げている。つまり、あらゆる事務について適正な規模というのは存在し

ないので、より重要な事務について、それを実施するのに適正な規模を考えればよいということになる。

(4) 一体性の問題

このように、機能の問題は重要なのであるが、規模と機能の均衡が取れていればそれでいいかというと、そうとも言い切れない部分がある。それが地域の一体性という問題である。この点について、佐藤は次のように述べている。「地方自治体が、その信託された諸機能を効果的に遂行するためには、区域の適正化が望まれる。だが反面、その区域をやたらいじると、それまで保持されてきた自治体の一体性が破壊され、自治体的性格を弱めるおそれが多分にある」（佐藤 1990: 303）。このように、一体性という観点からすれば、自治体の規模の変更というのは極力避けるのが望ましいということになる。先の引用部にもあるように、やはり合併は最終手段と考えるのがよい、ということだろう。今井もまた、規模の問題を考えるにあたっての一体性の問題を重視している。「自治体とは地域政府であるから、自然環境、産業構造、地域社会などの条件が加味された地域の一体性が存在しているところに存立する。したがって、日常生活圏が地域の一体性の上限であり、自治体政府の規模の上限でもある。ただし、面積や人口、地勢などの条件に応じて、その中を分割して政府をつくる必要がある。つまり自治体の適正規模とは第一に上限の設定なのである。ところが『適正規模』論は主として下限だけに注目する。なぜなら自治体について自己決定機構を保有する政府として考えず、単に国家統治の行政機関として自治体をみてい

第 2 章　適正規模は何によって決まるのか？

るからである」（今井 2008: 63）。ここで、今井は従来の適正規模論（つまり最小効率規模論）というのは自治体の捉え方自体が違うのだといった趣旨の議論をしている。これはある種の認識論的対立と見ることもできるだろう。

(5) 重層性の問題

　更には、一つの単位だけを取り出して、その規模を論じても意味がないという、重層性の問題がある。Dahl と Tufte は次のような指摘を行っている。「今日そして予測しうる将来において、人類は重層的な政治単位の中で生活していくだろう。民主主義の理論家は、極端な例を除けば、単一の主権単位―初めは都市、続いて国民国家―を民主化することに着目してきたのだが、そのために見逃してしまったことがある。それは、政治システムは相互関係を持つ複数の単位から成るということであって、その単位には、小規模な基礎団体であって直接民主主義が少なくとも理論的に可能なものから、大規模な団体であって市民の直接支配が不可能なものまで幅がある」(Dahl and Tufte 1973: 135、筆者訳)。つまり、従来多くの研究者は一つの単位に着目して適正規模を論じていたために、現実の政治システムが複数の単位から成るという事実を見逃してしまったということである[13]。Schumacher も同様の見解を述べている。「ここで私が強調したいのは、規模に関する人間の要求には二面があるということである。ただ一つの答えというものはない。目的によって、小規模なもの、大規模なもの、排他的なもの、開放的なものというふうに、さまざまな組織、構造が必要になる。しかし、一見矛盾す

47

る二つの真理の要求を心の中で調和させるのは、きわめてむずかしい」(Schumacher 1973=1986: 85)。それでは、この「二つの真理の欲求」を調和させるにはどうすればよいのか。Dahl と Tufte は次のように述べている。「民主主義が特定の包括的な主権単位に存在すると考えるのではなく、民主主義は相互関係を持つ複数の政治システムの集合体に浸透しているという考えを身につけなければならない。ただし、必ずしも入れ籠のように、小さな単位が大きな単位に包み込まれるような形にはなっていないこともある。理論的な問題の中心はもはや、主権単位に適用するための適切な規則—多数決原理のようなもの—を見つけることではなく、単独では主権を持たない多様な単位間に適用するための適切な規則を見つけることである」(Dahl and Tufte 1973: 135、筆者訳)。このように述べつつも、Dahl と Tufte は具体的な処方箋を示していない。それは今後の研究に委ねられているということなのだ。

第3節　研究可能性

それでは、適正規模を研究して解を求めることは、現実的に可能といえるのだろうか。もし政府体系を一体として捉えた上で、ここに挙げた全ての要素を考慮するとなると、一般的な法則性を導くことは困難を窮めると言わざるを得ない。適正規模は観念上あるとしても、実質的に適正規模を目的とした研究は不可能と言っても過言ではない。

その点、次の飯塚の指摘は現在にも当てはまるといえよう。「こ

第2章　適正規模は何によって決まるのか？

れまで日本でも、都市の理想的規模に関する研究については、さまざまな学問分野から多面的なアプローチが試みられている。しかしながら、それらはいずれも理論的枠組を重視しすぎたために、かえって現実的には何らの有効な提案も示せなかった（…中略…）唯一、『適正規模』論として明確な解答を提示しえているのは、計量分析的アプローチ（…中略…）であった」（飯塚 1986: 50）。当時と現在を比べれば、計量分析的アプローチの地位が相当高まっていることは考えられる。しかし、計量分析的アプローチが明確な数字を示す一方で、理論的アプローチがその非現実性を批判しつつも、それに変わるものを提案できないでいるという状況は、現在も続いているのである。計量分析が明確な解答を提示できるのは、暗に数多くの前提を置いて、条件を絞り込んでいるからに他ならない。有り体に言えば、突っ込みどころの多い議論なのである。そのため、計量分析による結果がそのまま現実に当てはめられるわけではない。有効な適正規模論はまだ構築されていないということである。

　適正規模にアプローチするためには、どのような方法で研究を行えばよいのだろうか。Martinsによれば、ヨーロッパの多くの国では、近代化社会の要請への対応として、四つの方法で調整が行われたという。第一に、効率性や規模の経済を基準とした、システム全体の根本的な見直しである（構造的調整）。これには、再編成や合併によって、相当数の市町村を削減することが含まれる。第二に、市町村間協力による、特殊なニーズへのアドホックな調整である（技術的調整）。これは、市町村の基礎的な構成はそのままに、権限や人的・財政的資源を集中することによって行われる。第三に、多

額の補助金によって、市町村が増大する事務を単独あるいは共同で実施できるようにすることである（財政移転による調整）。第四に、地方政府の業務の相当数を引き上げ、上層の政府に移転することである（集権化による調整）。

このように、機能と規模との間に何らかの不均衡が起こった場合において、必ずしも規模を変化させなくてもよい。佐藤が「何らかの水平的な協力方式で十分間に合うことも少なくない」（佐藤 1990: 303）と述べているのも、これと同じ道理である。たとえば、日本では戦後、構造的調整を行った上で、財政移転による調整を続けてきた。また、技術的調整として、様々な市町村間協力方式が行われてきた。他方、集権化による調整というのはあまり行われず、逆に「権限移譲」が分権改革の一つの課題となっているのが現状である。

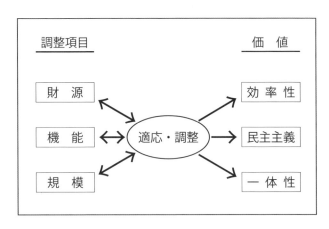

図7　主要変数と適応・調整

第2章　適正規模は何によって決まるのか？

　こうした、変化への適応ないし調整という観点から、適正規模の問題にアプローチできるのではないか。次のような枠組みを想定してみよう（図7）。まず、調整可能な項目として、財源・機能・規模を置く。そして、それらの調整によって実現する価値として、効率性・民主性・一体性を置く。例えば、機能の拡大によって、効率性が低下してきたとする。そうした場合に、合併によって規模を変化させることで対応することも可能であるが、民主性や一体性を損なうということも考えられる。そこで、非効率には目をつぶり、増税して財源を増やすことで対応することも可能であるし、過大になった機能を共同実施したり、別の単位に移したりことで対応することも可能なのである。

　具体的な研究方法としては、次のようなことが考えられる。まず、既存の理論をこの枠組みで捉え直すことができる。例えば、規模の経済論は、調整項目のうちの「規模」、価値のうちの「効率性」だけを取り上げたものといえる。また、個別事例の特定の局面をこの枠組みで分析することができる。条件の変動に対していかなる適応・調整がなされたか、といった視点で合併前後の比較を行うことや、異なる条件の自治体ではどの変数に違いがみられるかといった視点で、大都市と小規模町村の比較を行うことなどが考えられる。これはつまり、どの変数を動かせばどの変数が動くかを、量的・質的に記述していく作業になる。こうした個別の研究を集積することで、DahlとTufteのいう、「多様な単位間に適用するための適切な規則」（Dahl and Tufte 1973: 135、筆者訳）に接近することが可能になるだろう。このようにして研究を進めることで、市町村合併などの

影響をより正確に予測したり、国ごとの政府体系の違いを説明したりできる。また、従来対立傾向にあった量的アプローチと質的アプローチとを統合して考えることにも繋がると考えられる。

第3章　スケールメリット論の何が問題なのか？
── 最小効率規模論とその限界 ──

　本章では、前章の効率性の部分で扱った最小効率規模の議論について、より技術的な部分も含めて更に詳しく検討する。最小効率規模とは、標準的な経済分析において、平均費用が最小になる規模をいう（林 2002: 61）。一般に人口一人当たりの歳出額は、人口規模に関してU字曲線を描く。この曲線が底を打つ点が、最小効率規模である。

第1節　主要な先行研究

　まずは、最小効率規模についての研究のうち、主要なものについて概観しておこう。以下ではそれぞれの研究が用いる変数によって、人口のみを考慮したもの、面積を考慮したもの、サービス水準を考慮したもの、更に多変数化したものに区分してある。

(1) 人口のみを考慮したもの

　最小効率規模に関する代表的な研究としては、吉村の『最適都市規模と市町村合併』が挙げられる。吉村は、人口のみを説明変数とした場合において、最小効率規模を概ね20万人程度としている（吉

村 1999b: 132)。ただし、吉村は面積やサービス水準などを考慮した分析も行っている。実のところ、人口のみを考慮した分析を単独で行っている研究というのはそれほど多くなく、大抵の場合、面積などの要因を加えた分析も同時に行っている。

(2) 面積を考慮したもの

横道と沖野は、市町村の人口および面積を説明変数とし、一人当たり歳出額を被説明変数として分析を行っている。その結果、人口規模別に見て、概ね人口十万から二十万の範囲に、一人当たり歳出額が最低となる人口規模があることを示した（横道・沖野 1996: 71-74）。

吉村は、全国の市区および町村について、人口および面積と一人当たり歳出額との関係について分析を行っている。その結果、全国市区については、説明変数を人口とした場合には人口 20.9 万人、説明変数を人口および面積とした場合には 27.1 万人が、一人当たり歳出額が最小になる人口規模であることを示した。また、全国町村については、人口を説明変数として、153.7 万人という数字を示している（吉村 1999a: 56-59）。

(3) サービス水準を考慮したもの

吉村はまた、一人当たりの歳出額に行政水準を加えた分析も行っている。方法としては、都市の人口規模と、行政水準を点数化したもの[14]との関係を回帰分析によって求めるというものである。この分析の結果、人口規模と行政水準の間には、上に凸の右上がりの

第3章 スケールメリット論の何が問題なのか？

関係が認められた。すなわち、人口規模が大きくなればなるほど、行政水準は向上するということである。更に吉村は、人口規模と、「行政水準と人口当たり歳出総額の比率」との関係についても分析を行っている。その結果、「行政水準と人口当たり歳出総額の比率」は人口 23.9 万人で最大値を持つことが分かった。これが、最も効率的に行政サービスを供給できる規模ということになる（吉村 1999a: 59-63）。

今西と村上は、医療・保健・福祉分野の個々の公共サービスについて、人口規模と行政水準との関係を分析している。その結果、右上がり直線で表されるサービス、上に凸の二次曲線で表されるサービス、右上がり対数関数で表されるサービスがあることが認められた。上に凸の二次曲線で表されるサービスについては、生きがい就労支援については約 39 万人、住宅対策については約 93 万人、医療サービスにおけるアクセス容易度（政令指定都市含む）については約 96 万人、児童福祉における施設立地度（政令指定都市除く）については約 195 万人、サービス豊富度については約 79 万人という数字が導かれた（今西・村上 2000: 46-54）。

(4) 更に多変数化したもの

一律の適正規模を求めることを批判し、各自治体の適正規模を求めようとする研究もある。林は、全国の市を対象に、人口・面積に加えて、労働価格・公共サービス水準・昼夜間人口比率等の条件を用いた詳細な分析を行い、各市の最小効率規模を算出している。その結果、市の最小効率規模は 31.4 万人（静岡市）から 45.7 万人（富

士見市）であることを示した。この結果を受けて、合併が一律の適正規模への数字合わせになることを批判し、関連する自治体の地域特性を考慮すべきであると述べている（林 2002: 73-81）。

(5) 先行研究から導かれる結論

このように様々な方法が試みられているのであるが、共通していえることは、結論として示されている最小効率規模が、十万人を遙かに超えるケースがほとんどだということである。それは、面積等を考慮した場合でも同じである。すなわち、例え面積が広大になったとしても、小規模町村は合併して人口規模を拡大させた方が、費用が少なくなるということになる。

もちろん、合併したからといって、その効果がすぐに出るということはない[15]。真渕は次のように述べている。「実際には、少なくとも短期的には、合併は財政支出を拡大させる。庁舎の建て替えや中学校の統廃合によって新たな財政支出が生じる。合併と同時に職員を減らすわけにもいかないために人件費は現状に維持される。さらに、市民に合併を受け入れさせるために、サービス水準は相対的に高い自治体にそろえ、使用料や保育料などの費用は相対的に低い自治体にそろえられる。この結果、合併直後には効率は低下する傾向がある」（真渕 2009: 418）。すなわち、最小効率規模についての分析結果と結びつけて語る場合の合併の効果というのは、合併の長期的・潜在的な効果なのである。ただし、短期的な視点から合併の効果を検討している研究もある。横道と沖野は、市町村合併の効果について、次のような議論を行っている。まず、回帰分析の対象

第3章　スケールメリット論の何が問題なのか？

とした市町村の一人当たり歳出額を平均したものを基準とし、各市町村が広域行政圏ごとに単純に合併した場合に、基準値に対して一人当たり歳出額がプラスになるかマイナスになるかを調べる。そして、一人当たり歳出額がプラスになれば合併効果あり、マイナスになれば合併効果なしとする、というものである（横道・沖野 1996: 75-76）。

それでは、潜在的な効果というのは、どの程度だと見込まれているのだろうか。吉村は、市町村合併の効果については次のような方法を用いている。まず、合併後の人口規模を単純に回帰式に当てはめ、理論上の一人当たり歳出額と現状との乖離率を出す。そして、この乖離率をもって、合併の効果としている（吉村 1999a: 67）。これは、個々の市町村にとっての効果である。国全体での効果を算定した研究もある。峯岸は、1999 年度から 2005 年度までの合併による潜在的効果を、全国で 2 兆 9,421 億円と結論づけている（峯岸 2006）。

第2節　最小効率規模論への批判

(1) 内部からの批判

こうした最小効率規模の議論に対しては、同様の研究を行う研究者の中からもいくつかの問題点が指摘されている。

林は従来のモデルについて、「アドホックに特定化されたもので、推定される係数について経済学的な意味づけを行うことは容易ではない」（林 2002: 67）と批判し、経済理論からモデルを構築するこ

とを試みている。

　また、向井は林も含めた従来の研究に対して、「現実の行政サービスのメカニズムの検討が規模の経済、あるいは混雑といったレベルにとどまるため、単に、こうした様々な社会経済因子が影響を与えているという事実を指摘するにとどまっている」（向井 2006a: 195）と批判している。

　向井が具体的に指摘しているのは次の三点である。第一に、「統計分析における相関の高さは、必ずしも因果関係の高さを意味しない」。多くの先行研究では、因果関係についての考察が不十分であるという。第二に、「多くの先行研究では、合併のメカニズムが十分に折り込まれていない」。多くの先行研究は、合併とは異なるメカニズムで人口成長、経済成長してきた自治体の、ある時点での横断的データを用いて分析を行っている。そして、「統計分析にあたっては、こうしたデータの実態と合併のメカニズムとの相違点を評価するプロセスが不可欠である」とする（向井 2006b: 56-57）。

　こうした問題を踏まえ、向井は移動コストという概念を用いて、都道府県の最小効率規模について分析を行っている。移動コストとは、「サービスを供給するために供給者が移動するコスト、あるいは受けるために受益者が移動するコスト」（向井 2006b: 58）のことである。これらの移動コストは、行政コストに比べて、あまり意識されてこなかったという。向井は移動コストを表すための指標として、面積や人口密度、郵便局当たり人口、小学校当たり人口を用いている。このうち、面積や人口密度については、住民が密集して住んでいるか分散して住んでいるかを表現できないため、指標とし

第3章　スケールメリット論の何が問題なのか？

て問題があるとしている。郵便局当たり人口については、郵便局の配置が効率性と住民の利便性とのバランスを考慮して決定されていると考えられることから、人口の集中・分散状況を反映するとしている。小学校当たり人口についても、小学校が通学距離と教育・管理上必要な規模とのバランスを考慮して配置されていることから、同様のことがいえるとする。分析の結果、郵便局や小学校の指標による住民の空間分布状況と、都道府県の一人当たり歳出額との間に強い相関が確認された。この結果をもって向井は、都道府県の合併による効率化の効果はかなり小さいのではないかと推察する（向井 2006b: 61-66）。ただし向井は、小規模市町村における合併による効率化については間違いないと肯定している（向井 2006b: 54）。

　戸井田は、「現実には歳出額と人口・面積の間に単純な関数関係は成立しないので、仮定した関数形が（近似としても）適当であるかという問題が常に潜んでいる」と指摘する。そして、林や向井が理論の導入によってモデルを設定しようとしたのに対して、戸井田は関数形を仮定しない回帰手法である、ノンパラメトリック回帰という方法を使って分析を行っている。その結果、一人当たり歳出額は人口・面積に対してどちらも下に凸となり、「最適人口規模」（最小効率規模）は面積に依存すると結論づけている（戸井田 2003）。

(2)　外部からの批判

　これらは技術的な批判であって、最小効率規模についての研究そのものは肯定した上で、更なる精緻化を図ったものであるといえる。しかし、理論的あるいは実践的な見地から、研究の意義に関わるよ

うな本質的な批判も行われている。

　今井は最小効率規模論に対して痛烈な批判を行っているが、その要点の一つは、「仮に、中山間地域の自治体同士が合併して二倍になったところで、期待されるほどの効率化が得られるわけはない」（今井 2008: 58）という言葉に集約される。つまり、従来の研究は地域特性、とりわけ空間的要素を考慮していないのではないかという批判である。

　同様の批判は多く見られる。遠藤は「行政効率を人口の量的規模からみるのみで地域の『空間的』（＝自然的、地理的、歴史的概念等を総合した）視点を、そもそもまったく欠いた机上の行政効率論にすぎないという限界をもつ」（遠藤 2009: 53）と述べている。また、加茂は「自治体の規模や効率を規定する変数は人口だけではない。面積ひいては地形をも含めた人の移動やサービス供給における時間距離を無視して『行財政効率』など論じられるはずがないことは、中山間地や離島の自治体関係者からすれば当然のことである」（加茂 2003: 34）と述べている。

　少し違った視点の批判もある。森田は、一人当たり歳出額は適正規模を考える上で参考になる指標ではあるが、一元的な物差しで適正規模を考えることは適当でないとする。そして、行政サービスの種類による違い、自治が有効に成り立つ規模、さらに、自治体内での調整コストと自治体間の調整コストのバランスを考えるべきであるとする。調整コストについては、次のように説明する。「ユニットの規模を大きくすると、それだけその中に包摂される行政サービスの種類は多くなるが、たとえば福祉サービスなどをきめ細かく実

施しようとすると、必要な情報の量が増加するとともに、住民のニーズを反映した決定も困難になるため、内部における決定・調整のコストは増大する。他方、ユニットの規模を小さくすると、その規模に適した行政サービスの供給は効率的になるが、広域的なサービスについては、他のユニットとの間の調整の必要が増すために、外部的な調整コストが増加する」（森田 2001: 48-49）。

重森は、社会的効率という考えを用いて、「行政の効率性を図る場合には、単純にサービス提供のための経済的コストをみるだけではなく、費用の面では直接的コストに間接的費用や社会的費用をくわえ、効果の面では直接的便益に間接的便益や社会的価値をくわえなければならない」（重森 2003: 108）とする。

岩崎は、人口には質的側面があることや、サービス供給の方法の多様性などの点から、人口と経費の関係から一律の適正規模を導くことを批判する。また、スケールメリットに対してサービスのきめの細かさという価値を対置し、それらの両立は可能であると述べている。具体的には、小学校区を基本単位としつつ、それらを包含する領域に自治体を置くべきであるとする。そして、全国一律に適用できる基礎自治体の適正規模はなく、地域ごとに適正規模を求めることしかできないと述べている（岩崎 2000: 276-280）。

(3) 批判についてのまとめ

このように、内部からの批判は、モデルの意味づけに関わる部分での批判がほとんどであったのに対して、外部からの批判は、必要な変数が入っていないという批判がほとんどであった。つまり、実

際に最小効率規模についての研究を行っている研究者が問題だと考えていることと、批判を行っている研究者が問題だと考えていることには、大きな開きがあるということになる。

　また、両者の認識がうまく咬み合っていないところもある。たとえば、最小効率規模の研究は面積などの空間的要素を考慮していないという批判があるが、実際には面積などを考慮した研究の方が多い。それでも、空間的要素を考慮していないと批判を受けるのは、おそらく最小効率規模についての研究が、実態と乖離した結論を導き出すことが多いからであろう。そうなってしまうのは、そもそも、従来の最小効率規模論の枠組み自体に問題があったということではないだろうか。

第3節　問題の検討

　筆者が考える、最小効率規模の多くの研究に共通する問題は、次の三点である。第一に、従属変数に「歳出総額」ではなく「一人当たり歳出額」を用いていること。第二に、回帰式は人口の対数値の二次式になっていること。第三に、面積を導入する場合、「一人当たり面積」ではなく「総面積」を用いていることである。それでは、これらの点を順次検討していこう。

(1) 一人当たり歳出額を用いる問題

　まず、なぜ「総歳出額」ではなく、「一人当たり歳出額」を従属変数に用いるのかという点である。もちろん、最小効率規模の定義

第3章 スケールメリット論の何が問題なのか？

は、「一人当たり歳出額が最小になる規模」なのであるから、一人当たり歳出額を従属変数に用いるのは自然なことである。しかしながら、グラフを見れば明らかなように、一人当たり歳出額よりも歳出総額の方が、人口との関係をより顕著な傾向として捉えることが

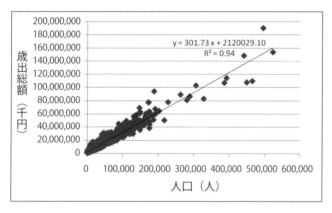

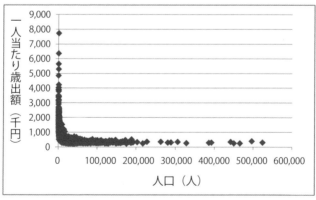

図8　従属変数を歳出総額にした場合（上）と
　　　一人当たり歳出額にした場合（下）の比較

出来る（図 8）。従属変数を歳出総額にした場合、グラフの形は直線状となっており、数式の上でも一次関数で容易に示すことができる。それに対して、従属変数を一人当たり歳出額にした場合、グラフの形はＬ字型になっており、容易に数式で表すことができないようにみえる。このような場合、まず歳出総額について分析を行った上で、式変形によって一人当たり歳出額との関係を表すという方法も有効ではないかと思われる。それでもなお、一人当たり歳出額を従属変数に用いた研究が多くを占めていることには、何か理由があるのだろうか。この点については先行研究の中でも明確に述べられていないのだが、恐らくは最小効率規模を求める時は一人当たり歳出額を従属変数に用いるものだ、という考えに囚われすぎているのではないだろうか。

(2) 対数値の二次式を用いる問題

次に、なぜ回帰式に人口の対数値の二次式を用いるのかという点である。これは、従属変数に一人当たり歳出額を採用した場合、グラフがＬ字型となり、そのままでは数式をフィットさせることが困難なためである。そこで、多くの先行研究ではグラフを対数表示にした上で、そこに何らかの関係を見出そうとしている。実際に対数表示を行ったグラフをみると、人口と一人当たり歳出額の関係は、下に凸の放物線を描いているようにみえる（図 9）。つまり、対数値の二次式でこの関係を表すことができる、ということである。このような理由で、多くの先行研究では回帰式に人口の対数値の二次式を用いているものと思われる。

第3章　スケールメリット論の何が問題なのか？

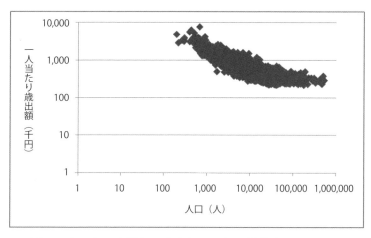

図9　人口と一人当たり歳出額の関係を対数表示したもの

　それでは、対数値の二次式というものは何を意味するのであろうか。ただ近似するというだけならば、対数値の二次式を用いることで目的は達成したことになる。しかしながら、数式を解釈して何らかの意味を見出そうとする場合に、対数値の二次式というのは極めて厄介な問題を引き起こす。具体的に数式を挙げて考えてみよう。多くの先行研究では、次のようなモデルを用いている[16]。

$$\ln\left(一人当たり歳出額\right) = p \cdot \{\ln(人口)\}^2 + q \cdot \ln(人口) + r \quad \cdots\cdots\cdots\cdots\cdots\cdots \text{①}$$

　ここで注意すべきは、変数を対数で表しているため、この数式は単なる二次関数ではないということである。仮に対数ではなかったとしても、人口の二乗という変数がどういう意味をもつのかを解釈することは困難であろう。その上、この数式は対数の二次関数であ

るため、変数間の関係はより複雑となる。これらの関係を真数に直すと次のようになる。

$$\left(一人当たり歳出額\right) = e^r \cdot \left(人口\right)^{p \cdot \ln\left(人口\right)+q} \quad \cdots\cdots\cdots\cdots\cdots\cdots\cdots\cdots\cdots\cdots ②$$

この関係はどういったメカニズムを表しているだろうか。また、それぞれの係数は何を意味するのだろうか。この数式から何らかの情報を読み取ることは困難を窮める。これは、本来対数的関係ではないものに対して、近似的に対数モデルを適用したことによる問題であると考えられる。もちろん、対数モデルを用いるのが適切な場合もある。しかし、対数を取ることの本来の意義は、非線形の関係を線形の関係に変換することであるから、対数の二次式を用いることには大きな問題がある。

(3) 面積の導入法の問題

最後に、面積の導入法についての問題である。面積を考慮した先行研究では、一人当たり歳出額を従属変数としたモデルに、総面積を独立変数として加えていることが多い。一人当たり歳出額を説明するのに、総面積を用いるということにはどのような意味があるだろうか。

これを単純なモデルで考えてみよう（表1）。仮に、面積1 km²ごとに1万円、人口1人ごとに1万円の費用がかかるとする。人口が10人で面積が100 km²の場合、歳出総額は110万円で一人当たり歳出額は11万円であるが、面積が200 km²になると、歳

第3章 スケールメリット論の何が問題なのか？

出総額は210万円で一人当たり歳出額は21万円であるから、一人当たり歳出額は10万円上昇する。人口が100人で面積が100 km² の場合、歳出総額は200万円で一人当たり歳出額は2万円であるが、面積が200 km² になると、歳出総額は300万円で一人当たり歳出額は3万円であるから、一人当たり歳出額は1万円上昇する。人口が千人で面積が100 km² の場合、歳出総額は1,100万円で一人当たり歳出額は1万1,000円であるが、面積が200 km² になると歳出総額は1,200万円で一人当たり歳出額は1万2,000円であるから、一人当たり歳出額は1,000円上昇する。

表1 人口・面積と歳出額（括弧内は一人当たり歳出額）

	10人	100人	1,000人
100km²	110万円 （11万円）	200万円 （2万円）	1,100万円 （1.1万円）
200km²	210万円 （21万円）	300万円 （3万円）	1,200万円 （1.2万円）

出典：筆者作成

このように、人口が少ない場合、面積が一人当たり歳出額に与える影響は大きいが、人口が多くなるにつれ、面積の影響は小さくなる。つまり、一人当たり歳出額を被説明変数とする場合に、総面積を説明変数とすると、面積の影響が小さく見積もられてしまうということだ。これは、比較的小さな面積に多くの人口が集まっている都市部に有利な結果をもたらす可能性がある。例えば、小規模町村において一人当たり歳出額が大きくなるのは、面積の影響が大部分

であったとしても、それが見過ごされてしまうかもしれない。

　もちろん、ここでの検討はあくまで単純なモデルで考えた場合の話であって、先行研究にそのまま当てはまるわけではない。例えば、面積についても、実際には対数変換した上でモデルに組み込んでいる例がほとんどである。しかし、対数変換によってこの問題が解決するわけではない。むしろ、対数変換した場合には、先ほど述べた通り数式が余計複雑になってしまうのである。

(4) 問題点のまとめ

　ここでの結論は、先行研究の多くが、きちんとモデル化せずに回帰分析を行っているということである。先行研究は、歳出額と人口・面積の関係を近似するという点では、成功しているかもしれない。しかし、こうして得られた結果はあくまでその場限りの傾向でしかない。何かしらの本質を表しているとはいえないため、そこから何らかの意味を見出すことができないのである。

第4章　合併の効果はどの程度か？
── 分析モデルの転換 ──

　前章では、先行研究の問題点について整理を行った。本章では、それらの問題点を克服し得る新たなモデルの構築を目指す。なお、次章で行う分析も目的は同じなのだが、本章ではモデルをある程度恣意的に設定した上で、とりわけ面積の指標として何を用いるのが適切かという点を重視して分析を行っている。逆に次章では、変数を人口と面積に固定した上で、モデルの形にあまり前提を置かず、データから柔軟に構築していく方法を採っている。このように、二つの章は互いに補い合う関係になっている。

第1節　分析方法

　本章では、最初に一定のモデルを想定した上で、分析を行うことになる。前提となる考えは、次のようなものである。第一に、従属変数は歳出総額とする。この点は、従属変数を一人当たり歳出額とする先行研究との違いである。第二に、独立変数は人口に加えて、面積・可住地面積・郵便局数のいずれかを用いる。第三に、モデル全体は一次式の形で表すものとする。以上をまとめると、歳出総額は、人口が一人増えるごとに一定額増加し、面積（あるいは可住地

面積・郵便局数、以下同様）が一単位増えるごとにも一定額増加するが、人口と面積とが相互に影響を与え合うことはない。つまり、人口が多くても少なくても、面積の影響は常に一定であるし、面積が大きくても小さくても、人口の影響は常に一定だと想定しているわけである。そして、人口にも面積にも関係なく、市町村一つ当たり、一定額の固定費用がかかるとする。市町村合併を行った場合、人口にかかる費用と面積にかかる費用は変化しないが、固定費用の部分は削減されることになる。そこで、この固定費用は、市町村合併によって市町村が一つ減少するごとに発生する合併の効果だと考えることができる。もちろん、これらは分析を容易にするためにそのような前提を置いたということであって、現実が全くその通りになっているかどうかというのはまた別の話である。

　このような想定の下、次の四つのモデルを設定した。a、b は係数、c は切片である。モデル３で可住地面積[17]を採用しているのは、一口に面積といっても、中には人の住めないような場所も含まれていることから、そういった部分を除いた分析を行うためである。モデル４での郵便局数という指標については、向井（2006a、b）での議論を参考に、面積の大小と人口の集散を同時に表す指標として採用している。

　　モデル１：(歳出総額)＝a×(人口)＋c ……………………… ③
　　モデル２：(歳出総額)＝a×(人口)＋b×(面積)＋c ……………… ④
　　モデル３：(歳出総額)＝a×(人口)＋b×(可住地面積)＋c ……………… ⑤
　　モデル４：(歳出総額)＝a×(人口)＋b×(郵便局数)＋c ……………… ⑥

第4章　合併の効果はどの程度か？

　先行研究と比較した際の本章のモデルの意義は、次の三点である。第一に、人口・面積と歳出額の関係を簡潔に表現することができる。第二に、それぞれの係数に意味をもたせることができる。第三に、歳出総額の式を変形することで、一人当たり歳出額の式を表現できる。この三点目については、第4節で詳しく説明する。
　今回分析の対象としたのは、政令指定市、特別区および可住地面積不明自治体を除く、1,737の市町村である。データとしては、総務省統計局『統計でみる市区町村のすがた2008』から、人口・面積・可住地面積・郵便局数を用いた。分析方法としては、重回帰分析（モデル1は回帰分析）によって、それぞれのモデルの係数を推定するという方法を採った。

第2節　分析結果

　まず、変数間の関係について確認しておきたい。歳出総額・人口・面積・可住地面積・郵便局数の五つの変数の間の相関をまとめたものが、表2である。このように、複数の変数の間の相関係数を一覧表にしたものを相関行列という。相関係数は−1から1までの値をとり、絶対値が大きいほど相関が強いことを示す。符号がマイナスの場合は負の相関、0では無相関、符号が正の場合は正の相関である。この表では、五つの変数が縦横にそれぞれ並んでおり、縦横が交差するところの数字が、二つの変数の間の相関係数を示している。例えば、歳出総額と人口との相関係数は0.9708であり、極めて強い正の相関があることが分かる。また、歳出総額と面積との相関係

数は 0.3179 であり、弱い正の相関があることが分かる。同じ変数同士の相関係数は1になる。この、1.0000 という数字が並んでいるところを挟んで、右上と左下は対称に数字が並んでいる。

表2　相関行列

	歳出総額	人　口	面　積	可住地面積	郵便局数
歳出総額	1.0000	0.9708	0.3179	0.5721	0.9220
人　口	0.9708	1.0000	0.1918	0.4697	0.8508
面　積	0.3179	0.1918	1.0000	0.7641	0.4783
可住地面積	0.5721	0.4697	0.7641	1.0000	0.6765
郵便局数	0.9220	0.8508	0.4783	0.6765	1.0000

出典：筆者作成

　これをみると、歳出総額との相関が最も強いものは人口であり、次いで郵便局数、可住地面積、面積の順となっている。また、人口と組み合わせる変数の中で、人口との相関が最も高いのが郵便局数であり、次いで可住地面積、面積の順となっている。モデル4では、人口と郵便局数を組み合わせたモデルになっているが、郵便局数単独でも相当高い相関をもっており、また人口との相関がかなり高いことに注意する必要がある。

　(重)回帰分析の結果をまとめたものが、表3である。この表では、それぞれのモデルごとに、人口の係数 a、面積・可住地面積・小学校数の係数 b、切片 c、決定係数の値を示してある。それぞれ単位

は100万円である。決定係数（寄与率、R^2値ともいう）は、0から1までの値をとり、モデルの説明力を表す。0に近いほど、説明力は低く、1に近いほど、説明力が高いということになる。例えばモデル1では、全体の変動の約94%を説明できるという意味になる。

表3　分析結果

	係数a	係数b	切片c	決定係数
モデル1	0.3123	――	2838.66	0.9424
モデル2	0.3039	16.12	19.72	0.9604
モデル3	0.2898	58.93	220.20	0.9597
モデル4	0.2171	681.02	214.24	0.9759

出典：筆者作成

　この結果をみると、最も説明力の高いモデルは、モデル4ということになる。つまり、郵便局数を面積の指標として用いたモデルである。係数aは、人口一人当たりにかかる費用を表す。たとえばモデル1では、人口が一人増えるごとに31万2,300円の費用がかかるという意味である。モデル1から3では係数aの値にそれほど大きな違いはないが、モデル4だけが比較的小さくなっている。これは、人口と可住地面積の間の相関が大きいために、人口の係数が不正確なものになっている可能性がある（多重共線性の問題）。係数bについては、それぞれ異なる変数を用いているため、モデルによって意味が異なる。モデル2では、面積1km²当たり1,612万円の

費用がかかるという意味、モデル3では、可住地面積1km²当たり5,893万円の費用がかかるという意味、モデル4では、その地域が必要とする郵便局の数一つ当たり6億8,102万円の費用がかかるという意味になる。切片cは、人口や面積に関わりなく、市町村一つ当たりにかかる費用を表す。例えばモデル1では、28億3,866万円が固定費用ということになる。

第3節　モデルの検証

(1) モデルの説明力の観点から

　四つのモデルについて分析を行ったわけだが、これらのうち、どのモデルを採用するのがよいのだろうか。モデルを選ぶ上でまず重要なのは、それぞれのモデルがどの程度の説明力をもっているかという点である。つまり、決定係数を比較すればよいということになる。先ほど示した結果の通り、決定係数が最も高いのはモデル4であり、次いでモデル2、モデル3、モデル4の順であった。

　この点を視覚的にも確認してみよう。図10は、それぞれのモデルについて、理論値と実測値の関係を表している。グラフ中の直線は、理論値と実測値が完全に一致する点をつないだもので、個々の点が一つ一つの市町村のデータを示す。これらの点が直線に近いところに集まっているほど、モデルの説明力が高いということになる。

　図をみると、どのモデルでも点はおおよそ直線上に並んでおり、いずれもかなり高い説明力をもっていることが分かる。その中でも、モデル1は点が比較的ばらついて分布しているのに対して、とりわ

けモデル4は点がかなり直線に近いところに分布していることが分かる。このように単純に説明力だけを考えれば、決定係数の一番高かったモデル4を採用するのがいいということになる。確かに、歳出総額を予測することだけが目的であれば、それでも問題はない。

しかしながら、モデル4についてはいくつかの問題点を指摘することができる。第一に、郵便局数という指標は細かい数値をとることができない。とりわけ、数値が小さい場合にこの問題は顕著になる。たとえば、実際には0.5や0.7という数値が妥当な状況であっても、全て1に集約されてしまうかもしれない。第二に、郵便局数

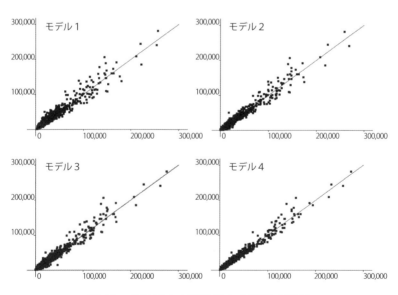

図10　各モデルの理論値と実測値の関係
　　　出典：筆者作成

は複合的指標であるため、扱いが難しい。郵便局は、人口・面積・人口の集散など、さまざまな要素を勘案した上で設置されるため、郵便局数という指標がどういう意味をもつのかということを解釈することが困難である。第三に、郵便局数は人口との間に強い相関をもつため、回帰式が不正確である可能性がある。

(2) 合併による削減効果の点から

ここで見方を変えて、モデルの定数部分に着目してみよう。定数部分というのは、人口にも面積にも関わりなく市町村一つ当たりにかかってくる固定費用のことである。先にも述べたように、この固定費用は、市町村合併によって市町村が一つ減少するごとに発生する合併の効果だと考えることができる。そこで、実際の合併におけ

表4　合併算定替による増額分（全国）

		基準財政需要額	
		総　額	不足団体
2006（平成18）年度	算定替	22,462,122,488	17,705,274,618
	一本算定	21,864,926,785	17,148,674,648
	差　額	597,195,703	556,599,970
	一団体当たり	422,943	394,193
2007（平成19）年度	算定替	22,433,596,532	17,435,983,391
	一本算定	21,825,637,638	16,856,550,072
	差　額	607,958,894	579,433,319
	一団体当たり	425,742	405,766

※単位は千円。

第4章　合併の効果はどの程度か？

る削減額と、モデルの定数部分とを比較することで、モデルの有効性を検証することができるわけである。それぞれのモデルの定数部分を確認しておくと、モデル1は28億3,866万円、モデル2は1,972万円、モデル3は2億2,020万円、モデル4は2億1,424万円となっていた。これに対して、実際の合併の効果はどの程度なのであろうか。

　ここで、実際の合併の効果とは何を指すのかを検討しておかなければならない。最初に考えられるのが、単純に合併前後の歳出額を比較し、その差額を合併の効果とするという方法である。しかし、合併すればすぐに歳出額が削減されるかというと、そういうわけではない。特別職などを除けば、職員数がすぐに減ることはないし、従来の役所が支所として残される場合も多いからである。ま

基準財政収入額		不足額≒交付税額
総　額	不足団体	
17,200,411,215	11,161,854,995	6,543,419,623
17,209,676,510	11,228,633,160	5,920,041,488
－9,265,295	－66,778,165	623,378,135
－6,562	－47,293	441,486
17,657,722,562	11,176,127,030	6,259,856,361
17,678,222,439	11,253,635,981	5,602,914,091
－20,499,877	－77,508,951	656,942,270
－14,356	－54,278	460,044

出典：総務省（2006）および総務省（2007）を元に筆者作成。

た、歳入面から考えても、合併算定替によって交付税額が合併前の規模で計算されるため、合併してすぐに歳出額が削減されるということにはならないのである。

そこで、ここでは実際の歳出額ではなく、合併算定替による額と本来の一本算定による額との差に着目することにする[18]。合併算定替によって増額された分というのは、合併前の市町村についての算定額と合併後の市町村についての算定額の差に当たるわけだから、この増額分を合併の潜在的効果とみなすことができる。

表4は、合併算定替をした場合としなかった場合の基準財政需要額・基準財政収入額・財源不足額（交付税額に相当）を一覧にしたものである。「差額」と書いてある項目は、算定替による額と一本算定による額の差である。すなわちこれが、全国レベルでの合併の潜在的効果ということになる。その下の「一団体当たり」と書いてある項目は、合併によって減少した市町村数[19]で差額を割ったものである。

これをみると、どちらの年度においても、おおよそ一団体当たり4億円前後が合併算定替によって増額されていることが分かる。それぞれのモデルから導かれる理論値が、モデル1は28億3,866万円、モデル2は1,972万円、モデル3は2億2,020万円、モデル4は2億1,424万円であるので、合併の効果を予測するという点ではモデル3とモデル4が優れているということになる。ただし、これは単純に、合併算定替による合計額を合併によって減少した市町村数で割ったものであるので、合併の規模による違いなどは考慮していない。これは、本章では、合併によって一つの団体が減少す

第4章 合併の効果はどの程度か？

るのにつき一定額が削減されるという前提に立っているためである。しかし、もし合併による削減額を決定づけているものが、減少した団体数でなければ、この前提は成り立たないということになる。この点についても検討しておいた方がよいだろう。

表5は、山梨県における合併算定替の増額分を一覧にしたもので

表5 合併算定替による増額分（山梨県）

市町村名	算定替	一本算定	差　額	減少数	一団体当たり
山梨市	4,972,123	4,265,840	706,283	2	353,142
南アルプス市	6,994,820	4,872,122	2,122,698	5	424,540
北杜市	9,724,231	7,148,658	2,575,573	6	429,262
甲斐市	3,533,466	2,533,768	999,698	2	499,849
笛吹市	6,453,171	4,100,485	2,352,686	5	470,537
上野原市	2,661,997	2,377,225	284,772	1	284,772
身延町	4,351,027	3,676,511	674,516	2	337,258
南部町	2,400,008	2,058,810	341,198	1	341,198
富士河口湖町	1,229,355	828,742	400,613	2	200,307
計	39,320,198	31,862,161	10,458,037	26	402,232

※金額の単位は千円。出典：山梨県（2005）を元に筆者作成。

ある。この表では、各市町村ごとに差額が出ているので、合併の規模による違いがあるのかどうかを検証することができる。これをみると、減少数が多いか少ないかに関わりなく、また合併後の規模に関わりなく、一団体当たりの削減額はおおよそ３億円から４億円程

表6　合併算定替による増額分（栃木県）

市町村名	算定替	一本算定	差　額	減少数	一団体当たり
宇都宮市	2,193	0	2,193	2	1,097
佐野市	5,329	4,055	1,274	2	637
鹿沼市	4,338	3,734	604	1	302
日光市	6,445	4,650	1,795	4	449
大田原市	4,589	3,487	1,102	2	551
那須塩原市	3,194	1,927	1,267	2	634
さくら市	2,027	1,483	544	1	544
那須烏山市	3,457	2,973	484	1	484
下野市	2,340	1,268	1,072	2	536
那珂川町	2,899	2,486	413	1	413
計	36,811	26,063	10,748	18	597

※金額の単位は百万円。出典：栃木県（2008）を元に筆者作成。

度ということが分かる。また、表6は栃木県における合併算定替の増額分を一覧にしたものである。この結果をみても同様に、一団体当たりの削減額は4億円から5億円程度となっている。

　以上の結果からすると、合併によって一つの団体が減少するのにつき一定額が削減されるという前提は、大きく間違ってはいないということになるだろう。また、今回設定したモデルの基本的な設計は妥当なものであったといえる。そして、今回設定した四つのモデルの中では、やはりモデル3とモデル4の予測が実態に近い。

　ここまでは、合併算定替による増額分に着目してきたのだが、更に、合併協議会などによる、合併効果の試算の面からも検証してみよう。表7は、六つの地域における合併効果の試算をまとめたものである。ただし、最後の奈良県だけは実際に発生した合併の効果を示したものとなっている。ここでは特に、類似団体との比較などではなく、具体的な経費の積み上げによって削減効果を試算している資料を示した。これは、類似団体との比較などによる試算では、合併効果が過大になってしまう傾向があると考えるからである[20]。

　これをみても、合併による歳出削減効果は、市町村が一つ減少するごとにおおよそ3～5億円程度ということが分かる。奈良県内市町村については、合併の潜在的効果ではなく、実際に生じた効果であるから、他の事例に比べて削減額が小さくなっていると考えられる。つまり、合併して即座に現れる効果というのはこの程度であって、しかも合併に伴う諸費用もあることから、合併の短期的な削減効果というのは更に小さくなると予測される。

表7　合併による削減効果についての試算

市町村・地域	合併の経緯	削減効果
愛媛県 宇和島市・北宇和郡吉田町・津島町・三間町	2005年8月1日、宇和島市・北宇和郡吉田町・津島町・三間町が合併。	一般職7.5億円、首長等1.2億円、議員1.1億円、計9.8億円、1減少につき3.3億円。
長野県 佐久市・北佐久郡望月町・浅科村・南佐久郡臼田町	2005年4月1日、佐久市・北佐久郡望月町・浅科村・南佐久郡臼田町が合併。	一般職7億円、首長等2.3億円、議員1.4億円、計10.7億円、1減少につき3.6億円。物件費3億円、補助費等5.4億円、繰り出し金1.5億円を含めると、計20.6億円、1減少につき6.8億円。
福島県 須賀川市・岩瀬郡長沼町・岩瀬村	2005年4月1日、岩瀬郡長沼町・岩瀬村を編入。	人件費3.3億円、事務費0.7億円、計4億円、1減少につき2億円。
京都府 宇治市・城陽市・宇治田原町・井手町	宇治市・城陽市・宇治田原町・井手町合併任意協議会（2007年8月27日解散）による試算。	職員5.9億円、首長等1.8億円、議員2.1億円、計9.8億円、1減少につき3.3億円。
愛知県 東三河地域	豊橋市・豊川市・宝飯郡音羽町・一宮町・小坂井町・御津町・渥美郡田原町・赤羽町・渥美町について合併効果を検証。	3市体制：議会経費4～6.6億円、職員経費20億円、計24～26.6億円、1減少につき4～4.4億円。1市体制：議会経費4.4～13億円、職員経費19.4億円、計23.8~42.4億円、1減少につき3～5億円。
※奈良県内市町村	12市町村が合併して4市が誕生。	一般職8億円、特別職4.5億円、委員会0.2億円、計12.7億円、1減少につき1.6億円。

出典：宇和島市・吉田町・三間町・津島町合併協議会（2005：34-36）、佐久市・臼田町・浅科村・望月町合併協議会（2004）、須賀川市・岩瀬村合併協議会（2004：51）、宇治市・城陽市・宇治田原町・井手町合併任意協議会（2007：10-11）、前野貴生・下野恵子（2005：11）、奈良県（2008）を基に筆者作成。

第 4 章 合併の効果はどの程度か？

検証のまとめ

結局のところ、今回設定したモデルのうち、どのモデルが優れているといえるのだろうか。モデルの説明力の点では、いずれも高い決定係数であった。また、定数部分に着目し、合併による削減効果の面から検証したところ、モデル 3 とモデル 4 が優れているという結果となった。しかし、先ほど指摘したように、モデル 4 の郵便局数という指標にはやや問題がある。以上のことから、今回設定した中ではモデル 3 が比較的妥当なモデルだということができるだろう。

第 4 節　最小効率規模との関係

前節ではモデルの妥当性について検証を進めてきた。ところで、本章のモデルの大きな特徴として、従属変数を一人当たり歳出額ではなく、歳出総額としていることが挙げられる。しかし、こうしてモデルを設定したそもそもの目的は、最小効率規模を求めることであった。最小効率規模とは一人当たり歳出額が最小になる規模を意味するのであるから、本章のモデルでは一人当たり歳出額をどのように取り扱うことができるかを検討しておく必要がある。

モデル 1 を例に考えてみよう。まず、モデル 1 は、

$$(歳出総額) = a \times (人口) + c \quad \cdots\cdots\cdots\cdots\cdots\cdots\cdots\cdots\cdots\cdots\cdots\cdots\cdots\cdots ⑦$$

という数式で表される。一人当たり歳出額の式に変形するには、項

を人口で割れば良い。そうすると、

$$(一人当たり歳出額) = a + \frac{c}{(人口)} \quad \cdots\cdots\cdots\cdots\cdots\cdots\cdots\cdots\cdots\cdots ⑧$$

という数式が得られる。

　この数式はどのように解釈できるだろうか。元の数式ではcが定数となっていたが、人口で割ったことによって、変形後の数式ではaが定数となっている。このaは、人口が一人増えるごとにかかる費用と解釈できる。cは固定費用であるから、c／（人口）は、一人当たりの固定費用ということになる。つまり、このモデルにおいて、一人当たり歳出額は、人口が一人増えるごとにかかる費用と、一人当たりの固定費用を合わせたものを意味する。前者は定数なので常に一定であり、後者は反比例の関係なので、人口が増えるに従って小さくなる。すなわち、全体としてみれば、この数式は反比例の式に定数項を加えたものに他ならない。この点からすれば、人口と一人当たり歳出額の関係を表したグラフがL字型を示すのも納得できる。

　それでは、最小効率規模との関係についてはどのように考えられるだろうか。一人当たり歳出額を表す数式が反比例の式に定数項を加えたものであるということは、グラフは常に右下がりになる。つまり、このモデルで考える限り、最小効率規模は無限大ということになり、均衡点としての適正規模は存在しないという結論になる。ただし、この規模以上であれば比較的一人当たり歳出額が小さい、というような目安を立てることは可能である。

第4章　合併の効果はどの程度か？

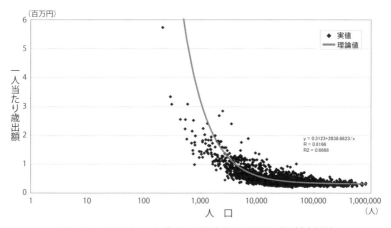

図11　人口と一人当たり歳出額の関係（X軸対数）
出典：筆者作成

　どの辺りが目安となるのか、グラフ上で検討してみよう。図11は、個々の市町村について、モデルによる理論値と、実際のデータとをグラフに表したものである。なお、実線が理論値、各点が実測値を示している。また、変化が分かりやすいようにX軸のみ対数表示にしてある。図をみると、人口一万人辺りを境にして、一人当たり歳出額は急激に増加していることが分かる。平成の大合併でも人口一万人以上というのが一つの基準となっていたが、人口だけを説明変数としたモデル1による分析結果は、そのような主張を支持するものであるといえる。
　しかし、これは人口だけを説明変数とした場合の結果である。面積の影響を加えた場合はどうだろうか。今度はモデル3を例に考えてみよう。モデル3は

$$(歳出総額) = a \times (人口) + b \times (可住地面積) + c \quad \cdots\cdots\cdots\cdots ⑨$$

という数式で表される。先ほどと同様に各項を人口で割ると、

$$(一人当たり歳出額) = a + b \times \frac{(可住地面積)}{(人口)} + \frac{c}{(人口)} \quad \cdots\cdots ⑩$$

という数式が得られる。

　モデル１の式に加わったのが、b×（可住地面積）／（人口）の部分である。これは、一人当たり可住地面積が広くなればなるほど、一人当たり歳出額が大きくなるということを示している。この部分も人口に対しては反比例の関係になっているので、可住地面積を一

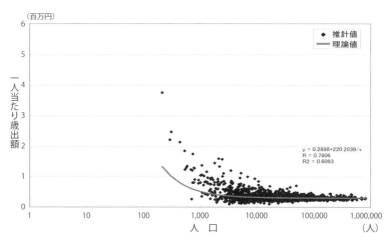

図12　人口と一人当たり歳出額の関係（可住地面積分を
　　　除く・X軸対数）　　　　　　　　出典：筆者作成

第 4 章　合併の効果はどの程度か？

定とすれば、人口が増えるに従って費用は小さくなる。人口の自然増の場合は、開発等による場合を除いては可住地面積が変化しないので、この仮定通りとなる。しかしながら、合併による人口増の場合、合併後市町村の可住地面積はそれぞれの旧市町村の可住地面積を足し合わせたものになる。つまり、分子と分母とが同時に増加することになるので、全体としてみればほとんど変化しないということになる。

　そこで、合併の場合を念頭に、可住地面積にかかる費用を取り除いたものが図 12 である。ただし、点の方は実測値ではなく推計値[21]となっている。これは、実測値から直接可住地面積にかかる費用を取り除くと、費用がマイナスになってしまうケースがあったためである。先ほどの図と比べると、取り除いた分だけ全体的に一人当たり歳出額が小さくなっているのが分かる。先ほどと同じように、これ以上の規模であれば比較的一人当たり歳出額が小さい、という目安を考えてみると、このグラフでは、人口三千人程度あれば十分ということになる。すなわち、人口に加えて可住地面積を説明変数としたモデル 3 による分析結果は、一万人以上の人口が必要だという主張を覆すものである。

第5章　最小効率規模を求めることはできるか？
― 人口と面積が歳出額に与える影響 ―

　前章では、従来のモデルの問題点を克服するため、新たな視点からモデルの転換を図った。その結果、従来よりも簡潔なモデルで歳出額を説明できることが分かった。また、合併による歳出削減効果の点からも、妥当な結論を得ることができた。しかしながら、前章のモデルは最小値を持たないため、最小効率規模を具体的に算出するということはできなかった。そこで本章では、モデルにあまり前提を置くことなく、人口・面積と歳出額との関係をつぶさに観察することで、一からのモデル構築を行うことにする。はじめに人口と歳出額との関係をモデル化した後、面積の影響を加えた上で、最終的に最小効率規模の算出を試みる。

第1節　人口の影響

(1) 方　法
　ここでは、市町村の人口が歳出額に与える影響を分析する。これらの関係から最も顕著な傾向を見出し、面積の影響を調べる際の指針とすることがここでの目的である。
　データとしては、2002年度の『市町村別決算状況調』より、全

国の一般市と町村の歳出総額、人口、面積を用いた。市町村数は3,121であった。2002年度のデータを用いたのは、平成の大合併の影響を極力小さくするためである。また、特別区・特例市・中核市・政令指定都市を除いたのは、都市機能の違いによる差を取り除くためである[22]。

方法としては、まず人口と一人当たり歳出額の関係をグラフから大まかに捉えた上で、人口と歳出総額の相関についても調べた。

(2) 結果

まずは、人口と一人当たり歳出額の関係をみてみよう。人口を横軸に取り、一人当たり歳出額を縦軸にとったものが図13である。グラフの形をみると、特徴的なL字型をしているのが分かる。一

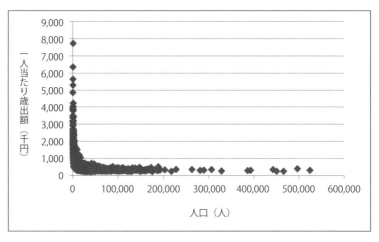

図13　人口と一人当たり歳出額の関係
出典：筆者作成

第5章　最小効率規模を求めることはできるか？

定以下の人口では、人口が減少するに従って一人当たり歳出額が急激に増加している。他方、一定以上の人口になると、一人当たり歳出額はほとんど変化しなくなる。一見して、反比例のグラフ（双曲線）のようである。

　この関係を対数表示したものが図14である。対数平面でみると、グラフは下に凸の曲線であるようにみえる。多くの先行研究では、この曲線を対数の二次関数で近似し、最小効率規模を算定している。

　ここで視点を変えて、歳出総額についてもみてみよう。人口を横軸に取り、歳出総額を縦軸に取ったものが図15である。この関係を一次関数で近似した場合、回帰式の説明力を表すR^2値は0.94である。これは全体の変動の内94%がこの回帰式で説明できることを意味するから、人口と歳出総額の相関は極めて強いということが

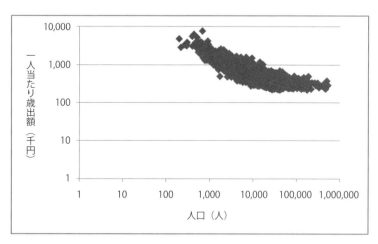

図14　人口と一人当たり歳出額の関係（対数表示）
　　　出典：筆者作成

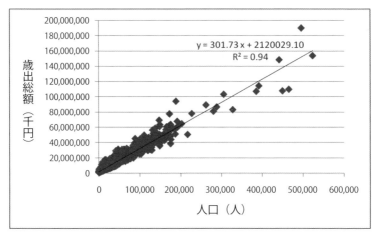

図15　人口と歳出総額の関係
出典：筆者作成

分かる。

(3) 考察

図13のように、人口と一人当たり歳出額の間には、反比例のような関係があるが、ここからすぐさま顕著な傾向を見出すことは困難である。他方、図15のように、人口と歳出総額との間には、極めて強い相関があり、その関係は一次関数でよく近似できる。そこで、後者の関係を出発点にして、分析を進めることにする。

人口と歳出総額の関係を数式で表すと

$$(歳出総額) = \alpha \cdot (人口) + \beta \quad \cdots\cdots\cdots\cdots\cdots\cdots\cdots\cdots\cdots\cdots \text{⑪}$$

第5章 最小効率規模を求めることはできるか？

この数式の両辺を人口で割り、一人当たり歳出額の数式に変形すると

$$\frac{(歳出総額)}{(人口)} = \alpha + \frac{\beta}{(人口)} \quad \cdots\cdots\cdots\cdots\cdots\cdots\cdots\cdots\cdots\cdots\cdots\cdots ⑫$$

⑪の数式で歳出総額は、人口に比例する部分と、定数部分からなる。また、⑫の数式で一人当たり歳出額は、定数部分と、人口に反比例する部分からなる。すなわち、人口と一人当たり歳出額の関係を示すグラフがL字型を示すのは、人口に反比例する部分をもつためであると説明できる。

ここで、人口が一人増えるごとに歳出総額が α 円増えることになるので、α は人口一人当たりにかかる費用と解釈できる。また、人口が何人であっても、市町村一つにつき β 円の費用がかかることになるので、β は人口に関係なく必要となる固定費用と解釈できる。以上のように、人口と歳出総額の関係を、係数も含めて解釈可能なモデルを用いて表すことができた。

従来のモデルは、一人当たり歳出額に着目するあまり、人口と歳出総額が極めて強い相関をもつことを見逃している。その結果、人口と一人当たり歳出額の関係を示すグラフがL字型を示すのは、一人当たり歳出額が人口に反比例する部分をもつためであるという推論に至っていない。さらには、従来のモデルは一人当たり歳出額の次元では対数の二次式として一定の説明ができるとしても、歳出総額の次元をも統合して説明することは困難である。

それに対し、本章で用いるモデルは、係数を含めた解釈が可能である。このモデルの特徴として、対数ではなく真数による表現であ

ること、最も顕著な傾向である人口と歳出総額の関係を出発点にしていること、歳出総額と一人当たり歳出額の両方を統合して説明可能であることが挙げられる。続いて、このモデルへの面積の導入を図ることにする。

第2節　面積の影響

(1) 方法

ここでは、先ほどのモデルに対して面積の導入を試みることにする。人口と面積によって歳出額および最小効率規模を説明するモデルを構築することが、ここでの目的である。

データとしては、先ほどの2002年度のデータを基に、人口と面積によって20の区分を作り、それぞれの区分で人口・面積・歳出総額の平均値を求めたものを用いた。このような方法を採った理由は、人口と面積以外の要因をコントロールするため、そしてデータの偏りをなくすためである。

方法としては、それぞれの区分について大まかな傾向を捉えた上で、面積区分ごとに 数式①のモデルを用いて回帰式を求め、その傾きと切片が面積によってどのように変化するか調べた。

(2) 結果

人口・面積区分ごとの歳出総額の平均を表したものが表8である。ここからは、二つの傾向が読み取れる。第一に、面積が同じであれば、人口が増加するほど歳出総額が大きくなっている。第二に、人口が

第5章 最小効率規模を求めることはできるか？

表8 人口・面積区分ごとの平均歳出総額（単位：千円）

(人)＼(km²)	3.16～10	～31.6	～100	～316	～1000
1000～3,160	2,151,616	2,311,509	2,464,548	2,999,538	3,789,093
～10,000	3,259,153	3,530,466	3,997,552	4,612,031	5,878,712
～31,600	5,746,556	5,738,915	6,571,859	8,276,356	10,845,438
～100,000	15,072,969	16,273,378	17,478,184	20,431,528	24,450,121

出典：筆者作成

同じであれば、面積が増加するほど歳出総額が大きくなっている。

続いて、それぞれの面積区分ごとに数式①のモデルを用いて回帰

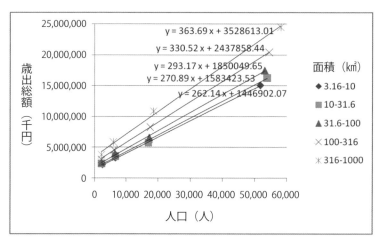

図16 面積規模別にみた、人口と歳出総額の関係
出典：筆者作成

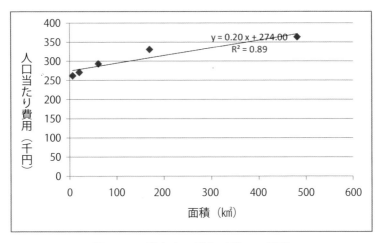

図17　面積と人口当たり費用の関係
出典：筆者作成

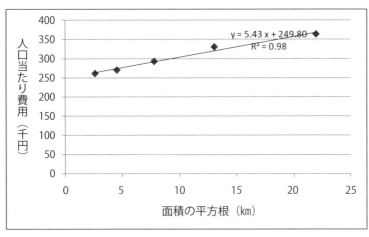

図18　面積の平方根と人口当たり費用の関係
出典：筆者作成

式を求めた。その結果が図16である[23]。回帰式をみると、面積が大きくなるに従って、傾き、切片ともに増加していることが分かる。

面積と図16における傾き（すなわち人口当たり費用）の関係を表したものが図17である。これをみると、面積が大きくなるに従い、人口当たり費用は増加している。しかし、面積が大きくなるに従って、増加の度合いが小さくなっている。

そこで、面積の平方根を取り、人口当たり費用との関係を表したのが図18である。これをみると、面積の平方根と人口当たり費用とはほぼ直線的関係となっている。

続いて、面積と図4における切片（すなわち固定費用）との関係を表したものが図19である。面積が大きくなるに従って、固定費用は大きくなっている。その関係はほぼ直線的であるが、面積が大

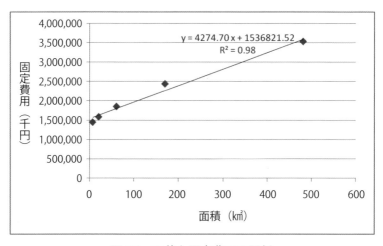

図19　面積と固定費用の関係
出典：筆者作成

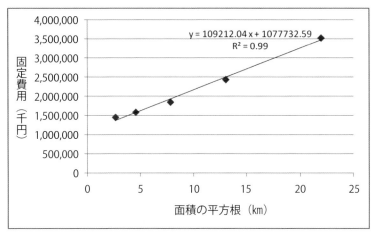

図 20　面積の平方根と固定費用の関係
出典：筆者作成

きくなるに従って、増加の度合いがやや小さくなっている。

　面積の平方根と固定費用との関係は図 20 のようになる。これをみると、ほぼ直線的関係にはなるものの、面積の平方根が大きくなるに従って、増加の度合いがやや大きくなっている。

(3)　考察

　図 18 より、数式⑪のモデルにおける傾き（α）は面積の平方根との間に強い相関があることが分かった。面積の平方根は、市町村の形が正方形であった場合の一辺の長さに相当する（図 21）。また、市町村の形が円形であり、中心に市役所があるとしたとき、市役所から市町村内の任意の一点までの平均距離は、円の面積の平方根の $3\sqrt{\pi}$ 分の 2 となる（図 22）。このように、面積の平方根は、役所

第5章　最小効率規模を求めることはできるか？

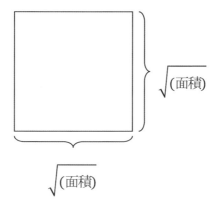

図21　面積の平方根の意味
　　　出典：筆者作成

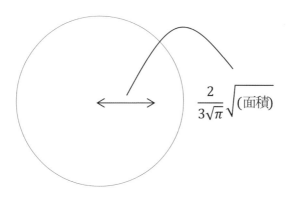

図22　面積の平方根と円の中心からの平均距離
　　　出典：筆者作成

からの平均距離に比例する値を取る変数である。つまり、役所からの距離が長くなるほど、現場にサービスを届けるのにコストがかかることを示していると解釈できる。

この関係を数式に表すと以下のようになる。

$$\alpha = a \cdot \sqrt{(面積)} + b \quad \cdots\cdots\cdots\cdots\cdots\cdots\cdots\cdots\cdots\cdots ⑬$$

また、図19、図20より、数式⑪のモデルにおける切片（β）は面積、面積の平方根のどちらとも強い相関があることが分かった。このことからは、距離に比例して増加するコストと、面積に比例して増加するコストがあるということが伺える。ただし、ここではモデルの単純化のため、面積の方だけを採用することにする[24]。

この関係を数式に表すと以下のようになる。

$$\beta = c \cdot (面積) + d \quad \cdots\cdots\cdots\cdots\cdots\cdots\cdots\cdots\cdots\cdots\cdots ⑭$$

数式⑬⑭を数式⑪に代入すると

$$(歳出総額) = \{a \cdot \sqrt{(面積)} + b\} \cdot (人口) + c \cdot (面積) + d \quad \cdots\cdots ⑮$$

$$= a \cdot (人口) \cdot \sqrt{(面積)} + b \cdot (人口) + c \cdot (面積) + d \quad \cdots\cdots ⑯$$

この数式の両辺を人口で割り、一人当たり歳出額の数式に変形すると

$$\frac{(歳出総額)}{(人口)} = a \cdot \sqrt{(面積)} + b + c \cdot \frac{(面積)}{(人口)} + \frac{d}{(人口)} \quad \cdots\cdots\cdots ⑰$$

第5章　最小効率規模を求めることはできるか？

　数式⑯のモデルで歳出総額は、人口および面積の平方根に比例する部分、人口に比例する部分、面積に比例する部分、定数部分からなる。数式⑰のモデルで一人当たり歳出額は、面積の平方根に比例する部分、定数部分、一人当たり面積に比例する部分、人口に反比例する部分からなる。なお、横道と沖野は、一人当たり歳出額と一人当たり面積の間に比例的な関係があることを示している（横道・沖野 1996: 71）が、これは、⑰の数式が一人当たり面積に比例する部分をもつためであると説明できる。

　ここで、aは市町村の面積の平方根が1km増えるごとに人口当たり費用が上昇する額と解釈することができる。また、bは人口一人当たりにかかる費用、cは面積1km^{2}当たりにかかる費用、dは人口と面積に関係なく必要な固定費用と解釈することができる。

　このように、一人当たり歳出額は人口と面積に依存するといえる。それでは、最小効率規模はどのように求めることができるだろうか。まず、面積を固定して考えてみると、数式⑰の初項は第2項と同じく定数となる。また、第3項は分子が定数となるので、第4項と同じく人口に反比例する形となる。すなわち、面積を一定とすれば、一人当たり歳出額は人口が増加するにつれて減少し、最小効率規模は存在しないということになる。

　しかしながら、本書では合併による変化を念頭に置いているため、面積が変わらずに人口が増加するということはあり得ない。合併の場合、人口と面積は共に増加する。つまり、合併を前提とするのであれば、人口密度を固定して考える方がより適切である。

人口密度の定義は

$$(\text{人口密度}) = \frac{(\text{人口})}{(\text{面積})} \quad \cdots\cdots\cdots\cdots\cdots\cdots\cdots\cdots\cdots\cdots ⑱$$

であるからこれを変形すると

$$(\text{面積}) = \frac{(\text{人口})}{(\text{人口密度})} \quad \cdots\cdots\cdots\cdots\cdots\cdots\cdots\cdots\cdots\cdots ⑲$$

これを数式⑰に代入すると

$$(\text{一人当たり歳出額}) = a \cdot \sqrt{\frac{(\text{人口})}{(\text{人口密度})}} + b + c \cdot \frac{1}{(\text{人口密度})} + \frac{d}{(\text{人口})} \quad \cdots\cdots ⑳$$

これで、人口密度が一定の場合の一人当たり歳出額を人口の関数として表すことができた。最小効率規模を求めるには、この関数が最小値を取る時の人口の値を求めればよい。

数式⑳を微分すると

$$(\text{一人当たり歳出額})' = \frac{a}{2\sqrt{(\text{人口密度})}} \cdot \frac{1}{\sqrt{(\text{人口})}} - d \cdot \frac{1}{(\text{人口})^2} \quad \cdots\cdots\cdots\cdots ㉑$$

（右辺）=0 としてこれを解くと

$$(\text{人口}) = \left(\frac{2d}{a}\sqrt{(\text{人口密度})}\right)^{\frac{2}{3}} \quad \cdots\cdots\cdots\cdots\cdots\cdots\cdots\cdots\cdots\cdots ㉒$$

第5章　最小効率規模を求めることはできるか？

係数が全て正であれば、㉒の数式は最小効率規模を示す。すなわち、最小効率規模は人口密度の関数で表すことができる。それでは、実際に最小効率規模を求めてみることにする。

第3節　最小効率規模の算定

(1) 方法

ここでは、以上の検討を踏まえて、最小効率規模の算定を試みる。

方法としては、まず⑯の数式に対して、先ほどの人口・面積階層別データを用いて重回帰分析を行い、係数を推定した。次に、求めた係数を⑰の数式に当てはめ、人口密度別に人口と一人当たり歳出額の関係を調べた。更に、求めた係数を㉒の数式に当てはめ、人口密度と最小効率規模の関係を調べた。

(2) 結果

重回帰分析の前に、変数間の関係を確認しておく。表9の各数値

表9　相関行列

	歳出総額	人口	面積	人口×$\sqrt{面積}$
歳出総額	1	0.9644	0.2208	0.8843
人口	0.9644	1	−0.0011	0.7429
面積	0.2208	−0.0011	1	0.4450
人口×$\sqrt{面積}$	0.8843	0.7429	0.4450	1

出典：著者作成

は、変数間の相関の高さを示す相関係数である。相関係数は−1から1までの値を取り、−1に近いほど負の相関が強く、0では無相関、1に近いほど正の相関が強いという意味になる。たとえば、人口と歳出総額の相関係数は、0.9644であり、極めて強い正の相関があることが分かる。また、面積と歳出総額の相関係数は0.2208であり、弱い正の相関があることが分かる。

重回帰分析の結果は表10のとおりである。偏回帰係数は、それぞれの係数の推定値である。すなわち、a=6.3099 b=243.3247 c=3661.0771 d=1591923.601となる。標準化係数は、それぞれの変数が与えている影響の大きさを示す。最も影響が大きいのは人口であり、続いて人口×√面積、面積の順となる。p値は、各係数が0である確率を示す。それぞれ0.01以下であるので、各係数は1％水準で有意である。偏相関係数は、他の変数の影響をコントロールした場合の相関の強さを示す。どの変数も、歳出総額との間に強い相関があることが分かる。回帰式全体としての説明力を示すのが

表10　分析結果

	偏回帰係数	標準化係数	p値	偏相関係数
人口×√面積	6.3099	0.2768	0.00	0.9591
人口	243.3247	0.7589	0.00	0.9954
面積	3661.077	0.0984	0.00	0.8742
切片	1591924	0	0.00	

（R^2=0.9983, p=0.00）　　　出典：筆者作成

第5章 最小効率規模を求めることはできるか？

R^2 値である。全体の変動のうち、99.8％がこの回帰式で説明できるということになる。なお、回帰式全体のp値も0.01以下であるので、回帰式は1％水準で有意である。

この結果を⑰の数式に当てはめ、人口密度別に人口と一人当たり歳出額の関係を表したのが図23である。これをみると、人口密度が大きいほど、同じ人口でも一人当たり歳出額が小さくなることが分かる。この傾向は、人口が大きくなるほど顕著である。それぞれの曲線が底を打っている点が、最小効率規模を意味する。グラフからは、人口密度が大きいほど最小効率規模が大きくなっていることが読み取れる。

更に、求めた係数を㉒の数式に当てはめ、人口密度と最小効率規模の関係を表したのが表11および図24である。人口密度が大き

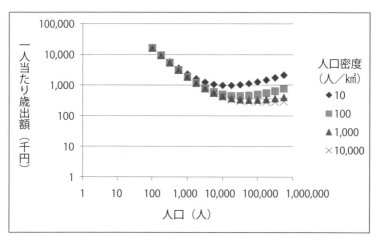

図23 人口密度別にみた、人口と一人当たり歳出額の関係（対数表示）
出典：筆者作成

くなるほど、最小効率規模も大きくなっているのが分かる。また、人口密度が大きいほど増加の度合いは小さくなっている。

(3) **考察**

重回帰分析によって推定した係数はそれぞれ、a=6.3099 b=243.3247 c=3661.0771 d=1591923.601 であった。これらは次のことを示すと解釈できる。人口が1人増えるごとに歳出総額は約24万円増加するが、この人口当たり費用は面積の平方根が1km増えるごとに約6,000円増加する。また、面積が1km²増える

表11 人口密度と最小効率規模の関係

人口密度 (人/km²)	最小効率規模 (人)	人口密度 (人/km2)	最小効率規模 (人)
1.00	6,338	177.83	35,641
1.78	7,679	316.23	43,180
3.16	9,303	562.34	52,314
5.62	11,270	1000.00	63,380
10.00	13,655	1778.28	76,786
17.78	16,543	3162.28	93,029
31.62	20,043	5623.41	112,708
56.23	24,282	10000.00	136,548
100.00	29,418		

出典：筆者作成

第5章　最小効率規模を求めることはできるか？

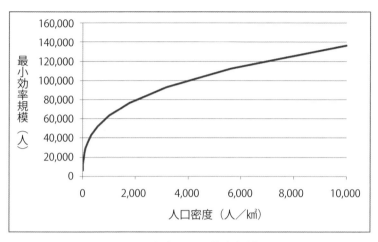

図24　人口密度と最小効率規模の関係
出典：筆者作成

ごとに、歳出総額は約366万円増加する。そして、人口・面積に関わりなく、市町村一つにつき約16億円の費用がかかる。

　もちろん、この数字がそのまま現実を表すわけではないが、少なくとも2002年度の市町村のデータに関していえば、次のような傾向は確かにあるといえる。第一に、人口密度を一定とすれば、最小効率規模は存在するといえる。第二に、人口密度が大きいほど、最小効率規模は大きくなる。第三に、同じ人口規模であっても、人口密度が大きいほど一人当たり歳出額は小さくなる。吉田も人口密度が大きいほど一人当たり歳出額が小さくなることを示している（吉田 2003: 9）が、これは今回の分析結果を支持するものである。

　ところで、先行研究の多くは、最小効率規模は概ね十万人以上という結果を導き出していた。この点はいかに解釈できるであろう

か。本書の分析でも、人口密度1万人/km^{2}のとき最小効率規模は13万6,548人という結果が出ており、この数字は先行研究と概ね合致する。すなわち、確かに全体としてみれば、一人当たり歳出額を最小にする人口というのは、十万人を超えるのである。しかしながら、全ての市町村が合併によってこの水準に達することはできない。なぜなら、一人当たり歳出額は人口密度の制約を受けるからである。

(4) 合併効果による検証

最後に、前章と同様、合併の潜在的効果の面から検証を行ってみよう。表12は、山梨県と栃木県について、合併算定替による算定額と一本算定による算定額との差額（増額分）と、本章のモデルによる予測値を示したものである。これをみると、両者がかなり近い数字を示しているものもあれば、大きく乖離しているものもある。とりわけ、栃木県については、過半数の市町村の予測値が軒並み負の値になっている。これは、合併算定替を行った方が算定額が小さくなってしまうという予測だが、実際にはこれらの市町村では算定額が増額されている。

こうした点からすれば、合併効果を予測するという点については、本章のモデルは前章のモデルよりも劣っているということになる。これは、前章のモデルにおいても、面積を説明変数とした場合には精度がかなり落ちていたことからすると、説明変数の選定の問題である可能性もある。そうだとすれば、単純に面積の値を用いるだけでは不完全な部分が大きいということになる。この点については更

表12 合併算定替増額分と合併効果の予測値
　　　（左：山梨県、右：栃木県）

市町村名	増額分	予測値	市町村名	増額分	予測値
山梨市	706,283	888,142	宇都宮市	2,193,000	－8,336,695
南アルプス市	2,122,698	2,946,220	佐野市	1,274,000	－3,682,748
北杜市	2,575,573	5,305,166	鹿沼市	604,000	－1,650,216
甲斐市	999,698	1,361,688	日光市	1,795,000	－7,185,701
笛吹市	2,352,688	4,418,842	大田原市	1,102,000	－277,514
上野原市	284,772	1,184,227	那須塩原市	1,267,000	－4,209,118
身延町	674,516	1,319,905	さくら市	544,000	636,988
富士河口湖町	400,613	2,788,594	那須烏山市	0,484,000	806,602
			下野市	1,072,000	1,840,148
			那珂川町	413,000	1,112,827

※金額の単位は千円。
出典：山梨県（2005）および栃木県（2008）を基に筆者作成。

なる検討が必要だろう。

　しかしながら、とりわけ人口密度との関係で、最小効率規模を具体的に算定できたという点では、本章のモデルの方が優れているといえる。つまり、市町村合併による効果をある程度正確に予測した

いのであれば、前章のモデルを用いればよいし、特定の人口密度について最小効率規模の目星をつけたいのであれば、本章のモデルを用いればよいということになる。

第6章　合併前後で歳出構造はどう変わったか？
―― 最小効率規模の時系列比較 ――

　本章では合併前後での比較を行う。第4章は合併がある程度進んだ2008年度時点でのデータを用いており、第5章は合併が進む前の2002年度時点でのデータを用いていた。また、分析の対象も第4章では政令指定市を除いただけであったが、第5章では特例市以上を除いて分析を行った。そもそも、分析の狙いや前提とするところも両者は違っている。そのため、二つの分析結果を単純に比較することはできない。そこで本章では、条件をそろえた上で、2002年度と2008年度の比較を行いたい。また、補論として京都府を事例に合併後の財政分析を行う。

第1節　分析方法

　分析の対象としたデータは、2002年度と2008年度の『市町村別決算状況調』から、人口・面積・歳出総額・基準財政需要額を用いた。なお、基準財政需要額については、合併算定替ではなく一本算定による額である。
　分析方法は次の通りである。まず全ての市町村を対象に、一人当たり歳出額について集計表による比較を行った。次に、一般市と町

村を対象に、人口の影響について回帰分析結果の比較を行った。ここでは、従属変数として歳出総額、独立変数として人口を用いている。続いて、合併していない一般市と町村を対象に、人口・面積の影響について重回帰分析を行った上で、最小効率規模についての比較を行った。ここでは、従属変数として歳出総額、独立変数として人口×面積の平方根、人口、面積を用いている。また、分析にあたっては適宜、基準財政需要額との比較を行っている。

第2節　歳出構造の変化

(1) 一人当たり歳出額の変化

表13は、2002年度から2008年度にかけての一人当たり歳出額の変化についてまとめたものである。これをみると、まず全体として歳出額は大きく減少していることが分かる。2002年度には一人当たり歳出額が39万1,369円であったのが、2008年度には37万6,430円と、1万4,940円も減少している。ただし、合併し

表13　一人当たり歳出額の変化

	2002年	2008年	変化
全体	391.36	376.43	－14.94
合併	399.63	393.03	－6.61
非合併	385.45	364.91	－20.54

※単位は千円。出典：筆者作成

第6章　合併前後で歳出構造はどう変わったか？

表14　一人当たり基準財政需要額の変化

	2002年	2008年	変化
全　体	185.08	174.14	－10.94
合　併	194.83	182.38	－12.45
非合併	177.26	167.70	－9.57

※単位は千円。出典：筆者作成

た市町村では減少が緩やかなのに対して、合併しなかった市町村では減少が著しい。合併した市町村では6,610円の減少に止まっているが、合併しなかった市町村では25,400円もの減少となっている。

　このように、全体的に歳出額は減少しているのだが、合併した市町村よりも合併しなかった市町村の方が削減幅が大きいという結果になっている。市町村合併の目的の一つはコスト削減なのであるから、これは一見して奇妙な結果である。その理由としては、合併した市町村では合併特例が歳出削減に対する一定の歯止めになっていること、また政令市・中核市・特例市などへの昇格の影響が考えられる。あるいは、合併しなかった市町村では危機感をもって歳出削減を進めたということもあるのかも知れない。ともかく、合併による効率化の効果というのは、現在のところ現れていないということである。

　それでは、合併の潜在的効果はどうなっているだろうか。表14は、2002年度から2008年度にかけての一人当たり基準財政需要

額の変化についてまとめたものである。先ほどの結果と比較すると、まず全体として減少傾向にあることは共通している。しかし、合併の有無による違いをみると、一人当たり歳出額の場合は合併していない市町村の方が合併した市町村よりも削減額が大きくなっていたが、一人当たり基準財政需要額の場合、合併した市町村の方が合併していない市町村よりも削減額が大きくなっている。つまり、潜在的には合併した市町村の方がより多くの費用を削減できるはずなのだが、実際には合併していない市町村の方が、削減が進んでいるという結果となっている。

(2) 人口の影響の変化

次に、2002年度から2008年度にかけて、人口が歳出額に与える影響がどのように変化しているかを検討しよう。ここで用いたモデルは、前章の第1節と同じく、

$$(歳出総額) = \alpha \times (人口) + \beta \quad \cdots\cdots\cdots\cdots (23)$$

というものである。人口の係数 α は、人口が一人増えるごとにかかる費用を表す。切片の β は、人口に関係なく、市町村一つ当たりにかかる費用を表す。

回帰分析の結果を示したものが表15である。まず、人口の係数 α についてみると、全体では292.0から308.2へとわずかに増加している。合併した市町村では、比較的増加額が大きいのに対して、合併していない市町村では増加額が小さい。切片 β についてみると、

第6章　合併前後で歳出構造はどう変わったか？

表15　歳出総額についての回帰分析結果

		係数 α	切片 β	決定係数
全　体	2002年	292.0	2,306,809	0.955
	2008年	308.2	2,698,830	0.918
合　併	2002年	299.9	2,089,012	0.965
	2008年	323.1	5,192,222	0.902
非合併	2002年	285.1	2,671,272	0.946
	2008年	287.1	1,908,113	0.950

出典：筆者作成

全体としては 2,306,809 から 2,698,830 へとやや増加傾向にある。しかし、こちらは合併したかしなかったかで全く逆の結果となっており、合併した市町村では増加（2,089,012 → 5,192,222）しているのに対して、非合併市町村では減少（2,671,272 → 1,908,113）している。最後の決定係数は、0から1までの値をとり、1に近いほどモデルの説明力が高いという意味である。全体としてみると、0.955 から 0.918 へと低下している。合併した市町村では低下（0.965 → 0.902）しているが、非合併市町村ではほぼ横ばい（0.946 → 0.950）である。

　この結果は何を意味するだろうか。まず、合併した市町村では人口の係数 α、切片 β ともに増加しているが、とりわけ切片 β については、合併そのものによる影響が大きいと考えられる。つまり、理論的には合併で減少した市町村の分の固定費用は削減されることに

なるはずだが、実際には旧来の役所が支所として残ったり、支所に特別職を置いたり、職員をすぐには削減できなかったりする。そのため、旧市町村の固定費用が足し合わされることで、市町村一つ当たりでみれば費用が高くなってしまうというわけだ。また、合併していない市町村では切片 β が減少しているが、これは一人当たりでみると、小規模町村ほど削減額が大きいということになる。次に、合併した市町村では決定係数が低下しているが、これは合併による規模の変化に、歳出額の変化が追いついていないことを示している。その面では、モデルの説明力は低下しているといえる。ただし、合併していない市町村では決定係数は低下していないので、モデル自体は 2008 年度のデータについても有効であると考えてよい。

このような変化は基準財政需要額についてもみられるだろうか。同じモデルを使って回帰分析を行った結果が表 15 である。人口の係数 α については、全体としては横ばい（135.4 → 136.9）であるが、合併した市町村では増加（139.0 → 149.8）しているのに対して、合併していない市町村では減少（132.3 → 123.9）している。切片 β については、全体としては増加（1,334,000 → 1,832,000）しているが、合併した市町村では大幅に増加（1,242,000 → 2,775,000）しているのに対して、合併していない市町村ではほぼ横ばい（1,485,000 → 1,515,000）となっている。決定係数については、全体としては低下（0.9767 → 0.9205）しているのだが、合併した市町村では大きく低下（0.9788 → 0.9151）しているのに対して、合併していない市町村ではわずかに低下（0.9748 → 0.9655）となっている。

第6章 合併前後で歳出構造はどう変わったか？

表16 基準財政需要額についての回帰分析結果

		係数 α	切片 β	決定係数
全体	2002年	135.4	1,334,000	0.9767
	2008年	136.9	1,832,000	0.9205
合併	2002年	139.0	1,242,000	0.9788
	2008年	149.8	2,775,000	0.9151
非合併	2002年	132.3	1,485,000	0.9748
	2008年	123.9	1,515,000	0.9655

出典：筆者作成

歳出総額についての分析結果と基準財政需要額についての分析結果を比較してみよう（表17）。まず、全体としてみると、人口の係数 α は微増、切片 β は増加、決定係数は低下、というように、両者は同じような傾向を示している。合併した市町村についても、人口

表17 回帰分析結果の比較

		係数 α	切片 β	決定係数
全　体	歳出総額	→	↑	↓
	基準財政需要額	→	↑	↓
合　併	歳出総額	↑	↑↑	↓
	基準財政需要額	↑	↑↑	↓
非合併	歳出総額	→	↓	→
	基準財政需要額	↓	→	→

※矢印の意味：↑上昇　↑↑大幅上昇　→横ばい　↓低下
出典：筆者作成

の係数αは増加、切片βは大幅増加、決定係数は低下、と両者が同様の傾向を示している。他方、合併していない市町村については、係数αと切片βの変化にやや違いがみられる。歳出総額の場合は、係数αが横ばいで切片βが減少しているが、基準財政需要額の場合は、係数αが減少して切片βが横ばいとなっている。

　ここで注目すべきは、合併した市町村での切片の大幅上昇と決定係数の低下が、歳出総額だけでなく基準財政需要額についても起こっているという点である。ここで用いている基準財政需要額は合併算定替ではなく、一本算定によるものなのであるから、合併算定替えによる影響であるとは説明できないことになる。それ以外に、合併によって基準財政需要額が上積みされる要因としては、合併特例債の償還が挙げられる。合併特例債は、起債した元本のうちの7割が交付税で措置される。これが、合併した市町村において基準財政需要額が上積みされている原因であると考えられる。

　もう一つ注目すべきところは、合併していない市町村での結果が歳出総額と基準財政需要額とでちぐはぐになっている点である。つまり、歳出総額でみれば、この間の変化は小規模町村にとって過酷なものとなっているのだが、基準財政需要額でみれば、特に小規模町村にとって不利な結果にはなっていない。この点をどのように解釈すればよいだろうか。もちろん、誤差ということも考えられるが、一つ可能性として挙げられるのは、小規模町村の自主的努力である。つまり、地方交付税の削減が進む以上に小規模町村が歳出削減の努力を行っており、それが切片の減少となって現れているのではないだろうか。

第6章　合併前後で歳出構造はどう変わったか？

(3)　人口・面積の影響の変化

続いて、人口に加えて面積の影響も考慮したモデルを使って、2002年度と2008年度の分析結果の比較を行うことにする。なお、先に見たような合併の影響を避けるため、ここでは合併していない市町村のみを分析の対象としている。分析に用いるモデルは、前章第2節と同じく、

$$(歳出総額) = a \times (人口) \times \sqrt{(面積)} + b \times (人口) + c \times (面積) + d \quad \cdots\cdots\cdots ㉔$$

というものである。（人口）× $\sqrt{(面積)}$ の係数 a は、面積の平方根が大きくなるに従って、人口が一人当たりにかかる費用が増加する額を示している。面積の平方根とは即ち距離のことであるから、この項は人口と距離に比例する。人口の係数 b は、人口が一人当たりにかかる費用を示している。面積の係数 c は、面積 1km² 当たりにかかる費用を示している。切片 d は、人口・面積に関係なく、一市町村当たりにかかる費用を示している。

このモデルを用いて重回帰分析を行った結果が表18である。（人口）× $\sqrt{(面積)}$ の係数 a は 3.15 から 2.47 へと減少している。人口の係数 b は 258.98 から 267.87 へとわずかに増加している。面積の係数 c は、5,545.89 から 5,361.80 とほぼ横ばいである。切片 d は、1,864,743 から 1,108,186 へと減少している。

この結果を解釈していこう。まず、（人口）× $\sqrt{(面積)}$ の係数 a が減少していることについては、面積が増加しても人口当たりの費用にあまり影響しなくなったということを意味する。次に、人口の

表18　歳出総額についての重回帰分析の結果（非合併市町村）

	係数 a	係数 b	係数 c	切片 d	決定係数
2002 年	3.15	258.98	5,545.89	1,864,743	0.954
2008 年	2.47	267.87	5,361.80	1,108,186	0.959

出典：筆者作成

　係数 b がわずかに増加しているのは、人口の影響がやや強まっているということだが、影響はほとんど変わらないといっても良いレベルだろう。面積の係数 c についても横ばいであるので、面積が単独に与える影響もほぼ変わらないといってよい。切片 d は目に見えて減少しているが、これは固定費用が削減されていることを意味する。また、人口の影響についての回帰分析の場合と同様、一人当たりでみたときに小規模町村ほど削減額が大きいということになる。

　重回帰分析の結果から、人口と人口密度ごとに一人当たり歳出額の理論値を算出したものが表19である。算出に当たっては、前章で導いた数式

$$（一人当たり歳出額）= a \cdot \sqrt{\frac{（人口）}{（人口密度）}} + b + c \cdot \frac{1}{（人口密度）} + \frac{d}{（人口）} \quad \cdots\cdots ㉕$$

を用いている。

　表をみると、ほぼ全ての人口・人口密度において、一人当たり歳出額が減少している。その中でも、人口が小さいほど減少幅は顕著である。人口密度 10 人／km² で人口 100 人の場合、2002 年度の一人当たり歳出額の理論値は 1,947 万 1,000 円だが、2008 年度で

第6章 合併前後で歳出構造はどう変わったか？

表19 人口・人口密度と一人当たり歳出額（理論値）

2002年		人口密度（人／k㎡）			
		10	100	1,000	10,000
人口（人）	100	19,471	18,965	18,913	18,907
	316	6,732	6,221	6,167	6,161
	1,000	2,710	2,189	2,132	2,125
	3,160	1,460	922	860	851
	10,000	1,100	532	461	449
	31,600	1,050	429	341	324
	100,000	1,147	433	315	288
	316,000	1,379	497	326	283
	1,000,000	1,811	631	366	293
2008年		人口密度（人／k㎡）			
		10	100	1,000	10,000
人口（人）	100	11,894	11,406	11,356	11,351
	316	4,325	3,833	3,782	3,776
	1,000	1,937	1,437	1,384	1,377
	3,160	1,199	686	628	620
	10,000	993	457	392	382
	31,600	978	400	322	308
	100,000	1,062	411	309	287
	316,000	1,246	464	321	286
	1,000,000	1,585	569	352	294

※単位は千円。　出典：筆者作成

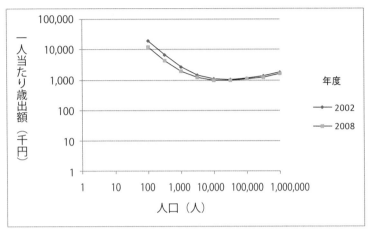

図25　一人当たり歳出額の変化（人口密度10人）
出典：筆者作成

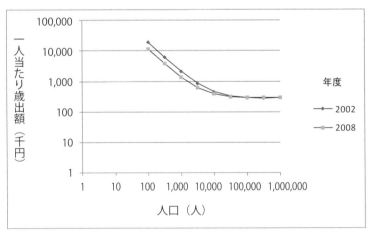

図26　一人当たり歳出額の変化（人口密度1,000人）
出典：筆者作成

第6章　合併前後で歳出構造はどう変わったか？

は1,189万5,000円にまで低下している（図25）。それに対して、人口密度1万人／km²で人口100万人の場合、2002年度が29万3,000円で2008年度が29万4,000円と、ほぼ横ばいとなっている（図26）。

それでは、最小効率規模については何か変化があっただろうか。表19において、それぞれの人口密度において一人当たり歳出額が最小になっている人口が、ほぼ最小効率規模であるといえる。

しかし、このままではおおまかにしか分からないため、それぞれの人口密度ごとに最小効率規模を算出したものが表20である。ここでも、前章で導いた数式

$$(最小効率規模) = \left(\frac{2d}{a}\sqrt{(人口密度)}\right)^{\frac{2}{3}} \quad \text{……………………… ㉖}$$

を用いている。表をみると、最小効率規模が全体的に縮小していることが分かる（図27）。たとえば、人口密度10人／km²で2002年度は最小効率規模が2万4,116人だったのが、2008年度は2万58人になっている。また、1,000人／km²で2002年度が11万1,937人だったのが、2008年度は9万3,103人になっている。

なぜ、最小効率規模は縮小したのだろうか。数式㉖をみると、分母にa、分子にdがそれぞれ入っており、それが人口密度にかかっている。つまり、分母のaが大きくなると最小効率規模は小さくなり、分子のdが大きくなると最小効率規模は大きくなるということである。表18の重回帰分析の結果ではaがやや小さくなってい

表20 人口密度と最小効率規模

人口密度 (人/km²)	2002年	2008年	人口密度 (人/km²)	2002年	2008年
1.00	11,194	9,310	177.83	62,947	52,355
1.78	13,562	11,280	316.23	76,262	63,430
3.16	16,430	13,666	562.34	92,394	76,847
5.62	19,906	16,556	1,000.00	111,937	93,103
10.00	24,116	20,058	1,778.28	135,615	112,796
17.78	29,217	24,301	3,162.28	164,302	136,656
31.62	35,398	29,442	5,623.41	199,056	165,562
56.23	42,885	35,669	10,000.00	241,162	200,584
100.00	51,957	43,214			

※単位は人。出典:筆者作成

たので、これは最小効率規模を拡大する方向に働いている。それに対して、dは大幅に低下していたので、こちらは最小効率規模を縮小する方向に働いている。両者は打ち消し合う働きをするが、aの変化が0.78倍なのに対して、dの変化は0.59倍と、後者の方が低下の度合いが大きいため、全体としては最小効率規模を低下させる方向の変化が起こったということである。感覚的に捉えるならば、小規模な方が一人当たり歳出額の落ち込み幅が大きいから、底を打つ規模が左にシフトしたというようにも考えられる。

第6章 合併前後で歳出構造はどう変わったか？

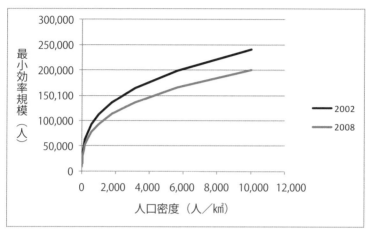

図27 人口密度と最小効率規模
出典：筆者作成

(4) 最小効率規模を変化させる要因

　今回の分析において最小効率規模を変化させたものは、直接的には、小規模町村における歳出額の落ち込みであった。問題は、それが交付税制度の影響なのかということである。表21は、歳出総額と基準財政需要額の相関を示したものである。これをみれば確かに、歳出総額と基準財政需要額との間には極めて強い正の相関があるということが分かる。しかも、2002年度から2008年度にかけて大きな変化は起きておらず、合併の有無による差も見受けられない。この結果だけをみれば、交付税制度の影響によって歳出構造が変化し、最小効率規模が変化したと考えるのが自然である。

　しかしながら、表17で示したように、回帰分析の結果が歳出総

125

表21　歳出総額と基準財政需要額の相関

	2002年	2008年
全体	0.992	0.990
合併	0.993	0.991
非合併	0.991	0.989

出典：筆者作成

額と基準財政需要額とでちぐはぐになっている部分もあった。この点からすると、地方交付税制度が必ずしも全てを決定づけているということはできない[25]。例えば、交付税額が減少する以上に、小規模町村が歳出削減努力を行っていたとすれば、それが結果的に小規模町村における歳出額の減少として観測されることもあり得る。結局のところ、地方交付税制度が大きな影響を与えていることは確かだとしても、その時々の情勢など、それ以外の要素に大きく左右される部分があるということも確かだといえる。

第3節　補論：京都府内における財政分析

(1) 京都府内における市町村合併

　平成の合併において、京都府内では2004年から2007年にかけて、七件の合併が成立している（表22）。このうち、京都市については政令指定都市であり、人口規模の面でも比較が難しいため、今回は京都市を除く六つの自治体（京丹後市、京丹波町、福知山市、南丹市、与謝野町、木津川市）を対象とする[26]。

第 6 章　合併前後で歳出構造はどう変わったか？

(2)　市町村合併と歳出額

　図 28 は、木津川市と、近隣の同規模の自治体の、一人当たり歳出総額を比較したものである。このグループの中で、木津川市は比較的一人当たり歳出総額が大きいものの、概ね同規模の市町村と水準は変わらない。

　図 29 では京丹後市・福知山市と、図 30 については南丹市と、近隣の同規模の自治体を比較している。なお、図 31 については与謝野町・京丹波町と同規模の自治体が近隣にないため、久御山町・

表 22　京都府内における市町村合併

合併年月日	新市町村	旧市町村
2004 年 4 月 1 日	京丹後市	峰山町、大宮町、網野町、丹後町、弥栄町
2005 年 4 月 1 日	京都市	京都市、京北町
2005 年 10 月 11 日	京丹波町	丹波町、瑞穂町、和知町
2006 年 1 月 1 日	福知山市	福知山市、三和町、夜久野町、大江町
2006 年 1 月 1 日	南丹市	美山町、園部町、八木町、日吉町
2006 年 3 月 1 日	与謝野町	加悦町、岩滝町、野田川町
2007 年 3 月 12 日	木津川市	山城町、木津町、加茂町

出典：筆者作成

大山崎町との比較を行っている。これらの結果をみると、合併を経験した自治体は、それぞれのグループの中で比較的歳出額が大きいことが分かる。

このように、程度の差こそあるものの、合併を経験していない同規模の自治体と比べて、合併を経験した自治体の歳出額が大きくなる傾向がみられる。その要因として、二つの合併特例による歳出増が考えられる。一つは地方交付税の算定替による影響であり、もう一つは合併特例債による影響である。

(3) 地方交付税の算定替による影響

地方交付税の算定替は、合併による地方交付税の減少に対して、激変を避けるための仕組みである。通常、交付税は小規模な自治体

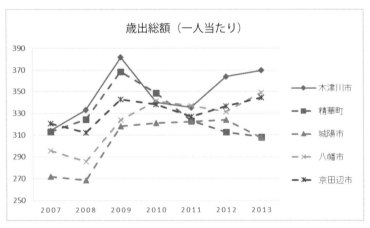

図28　一人当たり歳出総額（木津川市と同規模自治体）
　　　単位：千円　／　出典：筆者作成

第6章　合併前後で歳出構造はどう変わったか？

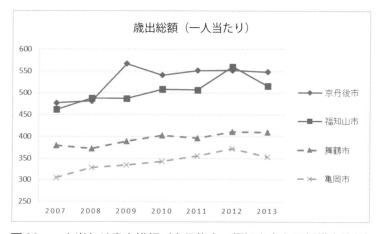

図29　一人当たり歳出総額（京丹後市・福知山市と同規模自治体）
単位：千円　／　出典：筆者作成

ほど手厚く分配されるように補正されている（段階補正）。これは、小規模な自治体ほど一人当たりでみたときの費用が多くかかるためである。つまり、合併して規模が大きくなると、交付税額が減少してしまうことになる。そこで、合併から5年（旧特例法では10年）は、合併前の規模で算定したものを合算した額を交付し、その後5年間で段階的に削減し、本来の水準に戻すというものである。なお、この期限が到来するのは、京丹後市においては2014年、他の自治体については2015年となっており、その後5年間で段階的に本来の水準となる。

　地方交付税の算定替による影響額はどの程度であろうか。表23は、合併を経験した自治体それぞれの一人当たり基準財政需要額（A）である。これは、その自治体で標準的な行政を行う上で必要

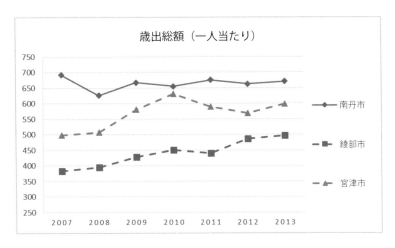

図30 一人当たり歳出総額(南丹市と同規模自治体)／単位:千円
　　　　　出典:筆者作成

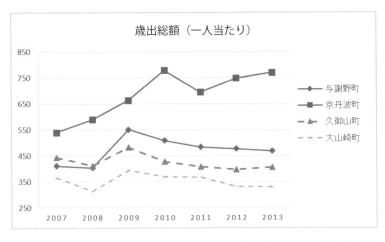

図29 一人当たり歳出総額(与謝野町・京丹波町と同規模自治体)
　　　　　単位:千円　／　出典:筆者作成

第6章 合併前後で歳出構造はどう変わったか？

と見積もられた経費を表している。表24は、各自治体の実際の収入から計算された基準財政収入額（B）を示している。基準財政需要額から基準財政収入額を引いた表25の金額（C）が、地方交付税の金額となるのが通常である。しかし、表26に示した実際の交付税額（D）と比較すると、両者の間にはかなりの隔たりがある。表27に示したこの差が、算定替による増額分（E）である。2013年度でみると、人口一人当たり2万円から7万円程度の金額が算定替によって増加していることになる。

(4) 合併特例債による影響

合併特例債は、合併市町村の一体性を確保するための事業や基金の積立について、有利な条件で起債できる制度である。期間は合併

表23　一人当たり基準財政需要額（A）

	福知山市	木津川市	京丹後市	南丹市	与謝野市	京丹波町
2007年	209.669	157.510	228.610	312.781	205.135	299.693
2008年	217.688	154.844	234.769	322.719	210.829	311.752
2009年	222.621	153.065	238.508	324.892	216.833	326.353
2010年	221.907	153.308	245.505	327.378	226.799	342.609
2011年	218.864	155.166	249.270	323.785	233.066	337.883
2012年	216.178	154.315	249.878	319.211	236.715	336.691
2013年	214.733	154.430	252.952	318.854	239.820	336.395

単位：千円　出典：筆者作成

表24　一人当たり基準財政収入額（B）

	福知山市	木津川市	京丹後市	南丹市	与謝野町	京丹波町
2007年	129.709	107.935	90.738	118.910	75.938	106.995
2008年	131.141	109.200	90.829	119.324	75.883	104.688
2009年	123.592	106.898	87.913	116.900	73.258	099.198
2010年	113.404	100.373	84.993	110.533	69.706	098.019
2011年	115.230	100.687	83.165	113.354	70.998	097.320
2012年	115.534	097.331	78.656	107.733	69.765	093.083
2013年	115.506	100.158	78.728	109.409	71.606	095.480

単位：千円　出典：筆者作成

表25　一人当たり基準財政需要額と基準財政収入額の差（C＝A－B）

	福知山市	木津川市	京丹後市	南丹市	与謝野町	京丹波町
2007年	079.960	49.576	137.872	193.870	129.197	192.698
2008年	086.547	45.644	143.940	203.396	134.947	207.064
2009年	099.029	46.166	150.595	207.992	143.575	227.156
2010年	108.504	52.936	160.513	216.845	157.093	244.591
2011年	103.634	54.480	166.105	210.432	162.067	240.562
2012年	100.644	56.983	171.222	211.478	166.950	243.607
2013年	099.227	54.272	174.224	209.445	168.215	240.916

単位：千円　出典：筆者作成

第6章　合併前後で歳出構造はどう変わったか？

表26　一人当たり普通地方交付税（D）

	福知山市	木津川市	京丹後市	南丹市	与謝野町	京丹波町
2007年	95.752	64.899	175.879	231.491	159.040	233.703
2008年	104.041	61.272	185.062	244.802	167.006	254.118
2009年	116.530	61.421	191.023	248.190	175.968	275.956
2010年	126.936	68.227	204.777	262.793	191.769	302.345
2011年	124.657	73.538	217.842	264.486	203.340	302.298
2012年	123.267	75.426	223.802	265.101	210.113	309.814
2013年	121.181	73.706	230.190	266.500	213.383	312.000

単位：千円　出典：筆者作成

表27　算定替による増額分（E＝D－C）

	福知山市	木津川市	京丹後市	南丹市	与謝野町	京丹波町
2007年	15.791	15.323	38.007	37.620	29.843	41.005
2008年	17.494	15.627	41.122	41.406	32.059	47.054
2009年	17.501	15.254	40.428	40.198	32.393	48.801
2010年	18.432	15.291	44.264	45.948	34.676	57.754
2011年	21.023	19.059	51.737	54.055	41.272	61.735
2012年	22.623	18.443	52.580	53.623	43.163	66.206
2013年	21.955	19.435	55.966	57.056	45.168	71.085

単位：千円　出典：筆者作成

から10年間であったが、震災復興のため、2012年の合併特例債延長法により、被災地は20年、被災地以外も15年に延長されている。合併特例債は事業費の95％に充当することができ、元利償還の7割は交付税措置される。つまり、事業費の5％＋元利償還の30％＋利子は負担しなければならないが、それ以外については交付税でまかなわれるため、自治体にとっては少ない資金で事業を行うことができる。2005年の新合併特例法で廃止されたが、2006年3月末までに合併した市町村は活用可能であるため、木津川市以外の合併自治体は合併特例債を発行することができる。

　合併特例債による影響についてはどうだろうか。図32から図35は、人口一人当たりの公債費の金額を、図28から図31と同様に比較したものである。図32を見ると、合併特例債を発行できない木津川市については、グループの中で一人当たり公債費の金額が中位にある。その一方で、図33から図35を見ると、合併特例債を発行可能な自治体はいずれも公債費の金額が高くなっている。これらのことから、一人当たり歳出額が大きくなっていた要因の一つに、合併特例債による公債費の増大があると推測できる。

(5) 今後の財政運営

　ここまで、市町村合併による財政への影響について考察してきた。平成の合併において、財政の効率化や歳出削減が一つの目的とされていたことからすると、合併の財政面での効果は未だ限定的であると考えられる。地方交付税の算定替による増額分については、合併の潜在的歳出削減効果と考えることもできるが、自治体にとってみ

第6章 合併前後で歳出構造はどう変わったか？

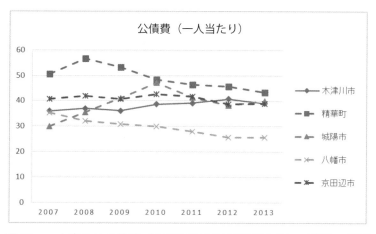

図32 一人当たり公債費（木津川市と同規模自治体）／単位：千円
出典：筆者作成

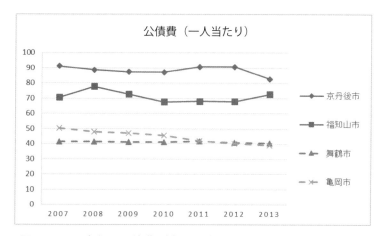

図33 一人当たり公債費（京丹後市・福知山市と同規模自治体）
／単位：千円　　出典：筆者作成

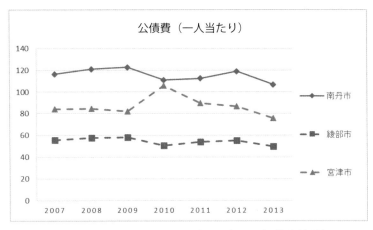

図34　一人当たり公債費（南丹市と同規模自治体）
／単位：千円　　　出典：筆者作成

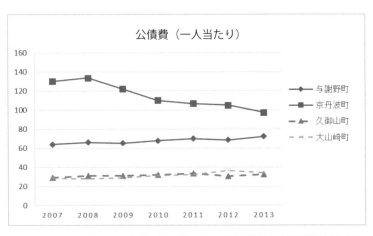

図35　一人当たり公債費（与謝野町・京丹波町と同規模自治体）
／単位：千円　　　出典：筆者作成

第6章 合併前後で歳出構造はどう変わったか？

れば、将来の収入減少額を意味する。合併によって効率化が進むというよりも、合併によって効率化を強いられるという現実もすぐそこに迫っている。また、特例債についても有利な条件とはいえ、自己負担部分は確実に存在することや、施設などを建設した場合には当然維持費もかかることを忘れてはならない。今後の財政運営を考えるに当たっては、算定替終了による歳入の落ち込みと、特例債の償還のための公債費の増加に同時に対処する必要がある。

終　章　最小効率規模から適正規模へ

　ここまで、最小効率規模論に着目して、市町村の適正規模についての検討を行ってきた。第1章、第2章、第3章では、適正規模論と、その中でも最小効率規模に関する議論に焦点を当て、理論的な検討を行った。その中で、最小効率規模論の研究者は、モデルの意味づけをどうするかというところに苦心しており、最小効率規模論を批判する研究者は、枠組みの拡大を求めているということが分かった。両者の議論は咬み合っていないようにもみえるが、最小効率規模についての研究にもっと意味を持たせる必要がある、という点では両者とも一致しているのではないだろうか。それはすなわち、最小効率規模論から適正規模論へと研究を前進させることに他ならない。

　そのためには、最小効率規模を研究する場合には、その研究が適正規模論の中でどういった位置づけにあるのかを明らかにする必要があるし、最小効率規模論への批判を行う場合には、どうすれば研究の枠組みを拡大できるのかをきちんと示す必要があるだろう。それが従来できていなかったのは、結局のところ、従来のモデルの立て方に問題があったからであると考えられる。

　そこで第4章、第5章、第6章では、新たなモデルを用いた分析を行った。モデルの立て方によって異なる結果が導かれている部分もあり、ここで用いたモデルが完璧なものであるとは到底いえない。

しかしながら、簡潔な表現が可能となったこと、市町村合併の潜在的な歳出削減効果がある程度正確に予測できること、人口密度によって最小効率規模は変化しうることなどを明らかにしたことは、従来のモデルと比較した時の明らかな利点である。

そして、より重要なことは、全ての分析を通して何がいえるかということである。もちろん、個々の分析の結果は重要である。しかし、複雑な社会を相手にする以上、ただ一つの完璧な分析方法というのは存在しないといってもよいだろう。だからこそ、一つ一つは不完全な方法であっても、様々な方法を組み合わせて用いることで精度を高めることが必要なのである。

以上の点を踏まえた上で、本書の最も重要な結論といえるのが、農村部のように人口の割に面積の大きな市町村が合併によって都市部と同等の効率性を実現することはできない、ということである。これは従来からも指摘されてきたことであるが、それらは理論的あるいは実践的な視点によるものであって、最小効率規模の研究においては実証されていなかった。この事実をデータと数式の上で証明したことが、本書の成果である。

地理的条件そのものは、合併によって変えることができない。合併でどんなに人口が増えたとしても、人口密度が小さければ面積は広大になる。もちろん人口が増えたことによって効率化される部分もあるが、面積の広さや人口密度の小ささによって非効率が生じている部分というのは、合併ではどうにもならない問題である。そのため、人口密度の小さな市町村においては、行政サービスの実施にある程度コストがかかってしまうのは致し方のない面がある。それ

は、事務を共同実施したとしても、あるいは都道府県に権限を移譲したとしても同じである。

　しかし、だからといって農村部の市町村の未来は安泰というわけにはいかない。どういう方法をとってもコスト高になる部分があるのであれば、そもそもそんなところに人が住む必要があるのかという議論も現れてくるだろう。つまり、経済合理性からいえば、全ての国民が都市部に集中して住めば効率がいいではないか、という主張も成り立ちうるのである。これは極論にしても、農村部は効率が悪いのだからもう少し自助努力をするようにと交付税を削減したり、せめてできる限りは効率的にと合併を促したりということはあり得ないことではない。

　もちろん、それぞれの地域には代々受け継がれてきた伝統文化、貴重な自然環境など、貨幣に換算できない様々な価値があるはずである。それは、巡り巡って都市住民にとっても価値となり得るものでもあるだろう。それらの価値を無視して、経済合理性の観点のみで判断をすることがあってはならない。

　こういった大きな視点を抜きにして、それぞれの地域の住民にとって何が望ましいのかと考えた場合も、財政効率だけで適正規模の全てを語ることはできない。適正規模とは様々な価値のバランスの問題である。そうであるから、ある市町村の規模が適正かどうかは、バランスが取れているかどうかによって決まる。

　研究の文脈でいえば、適正規模を研究するためには、複合的な変数や価値から成る枠組みを構築する必要がある。第2章第3節で試みたものがその一例である。ただし、個々の研究において、その枠

組みの全てを取り扱うことは困難といえる。それよりも、規模の問題を研究する全ての研究者が、それぞれに大きな枠組みのどの部分を研究しているのかということを意識することが重要ではないだろうか。このような意識を持ち、それぞれの研究で得られた知見を総合していくことによって、適正規模の研究は徐々に体系性を獲得することができるだろう。

おわりに

　本書の主張を端的に述べれば、市町村の適正規模を決めるのは住民自身であるということになる。すなわち、適正規模は最終的には住民の主観によって決まるということである。ただし、その主観的判断をする上では、規模を変えることでどのような影響があるかという客観的判断が不可欠である。主観的判断についての問題提起を行いつつ、客観的判断の部分についての改善を行ったというのが、本書の意義であるといえるだろう。

　適正規模論の課題については終章で述べたので、ここでは筆者自身の今後の研究課題について整理しておきたい。筆者が故郷の合併の時に感じた憤りの一つは、論理や合理よりも、「合併すれば財政が良くなるだろう」という漠然とした空気が力を持ってしまう状況についてであった。この点については、本書によって誤りを正せたといってよいだろう。

　合併問題で感じたもう一つの憤りは、どれだけ住民が勉強し、建設的な提案をしようとしても、行政の側にそれを受け止める用意がなかったということである。行政は住民を顧客として捉えてしまっており、住民から行政への意見というのは全て苦情・要望としてしか受け止められないのである。苦情・要望と提案の違いは、前者が個人の利害に基づく主張であるのに対して、後者が個人の利害を離

れた公共的視点に基づく主張であることである。第1章第3節で、「親心」という言葉を使った。行政は住民を自立した「大人」ではなく、未熟な「子供」として捉えており、「親」として保護しなければならないと考えているというわけである[27]。

　このような関係を、大人と大人の自立した関係に変えるにはどうすればよいだろうか。筆者が注目しているのは、自治体広報である。自治体広報というと、昨今シティ・プロモーションの取組が注目されている。いかに地域の魅力をアピールするか、ということが盛んに議論されている。しかし、筆者が考えているのはまた別の発展方向である。すなわち、自治意識を育てるための問題提起型広報（政策広報）である。問題提起型広報は、決まった情報を伝えるだけのお知らせ広報とは対照的に、地域の問題について住民に問いかけ、共に考えるための広報である。このような広報を行うことで、住民は行政が何から何までやってくれるわけではなく、限界もあるということを理解し、問題解決の責任が自らにあることを自覚することができると考えている。

　これまでの研究では、問題提起型広報を行うことが問題への関心、行政への信頼、自発的な問題解決への姿勢を強めることを実証できている[28]。今後は、自治体と協働で、住民自治の視点から広報改革を実践できないかと構想している。関心のある自治体関係者の方はぜひ筆者までご連絡を。

注　釈

1) シンポジウムの模様は、『地方自治職員研修』（公職研）第50巻第2号の特集「合併しなかった自治体のこれから」に掲載されている。
2) 葛城市の合併については、増田（2013）において住民運動の視点から考察を行っている。
3) 本書の第5章の基になった、増田（2009）。
4) 総務省「広域行政・市町村合併」(http://www.soumu.go.jp/kouiki/kouiki.html) 2017年1月9日閲覧。
5) 『西尾私案』は、第27次地方制度調査会専門小委員会において、副会長であった西尾勝が示した討議資料である。小規模町村の権限縮小を主張したものと受け止められ、論争が巻き起こると同時に、合併への引き金ともなった。
6) 本節の歴史的記述は、大石（2007）、島（1958）、加茂（2003）に基づく。
7) 奈良県および葛城市の歴史に関する記述については、大和タイムス社（1975）、奈良県史編集委員会（1985）、改訂新庄町史編集委員会（1984）、當麻町史編集委員会（1976）に基づく。
8) 会議所とは、大区の事務所のことである。奈良県は1872（明治5）年以降会議所の設置を進め、1874（明治7）年の時点で10の会議所が整備された。
9) 明治の合併後の奈良県内の動きとしては、1890（明治23）年から1912年（明治45年）にかけて、4村が分離している。村として日本最大の面積を持つ十津川村は、1890年の時点で既に成立している。その後も徐々に合併が進み、1953（昭和28）年の時点では、2市31町105村となっ

た。昭和の合併を経て、1966（昭和41）年には8市15町23村となった。
10）當麻町では大字・総代、新庄町では区・区長の名称が使われていた。現在では区・区長に統一されている。
11）ただし、大畑村については資料がなく、どの小学校区に属したのかは不明。また、中戸村が太田村・兵家村・南今市村と同じ小学校区に属したとする資料もある。
12）佐藤竺監修、今川晃・馬場健編『市民のための地方自治入門』新訂版の副題は「サービスの受け手から自治の担い手へ」である（佐藤2009）。
13）もちろん、ここでDahlとTufteは国単位での民主主義にとっての適正規模を主眼に述べているのだが、この考え方自体は自治体も含めた適正規模全般についても適用できるものであろう。
14）吉村は行政水準の指標として、『日経地域情報』第303号の「610市区の『行政サービス水準』一覧」の総合得点を用いている。
15）実際の合併の効果を検証したものとしては、長峯・田中（2006）などが挙げられる。
16）ln は底が e (=2.7182…) の対数（自然対数）を示す。
17）可住地面積＝総面積－（林野面積＋主要湖沼面積）
18）合併算定替による額と一本算定による額の差額を用いる方法については、町田（2006）および高木（2006）を参考にした。
19）市町村数は1999年度の3,232を基準とすると、2006年度が1,820で1,412の減少、2007年度が1,804で1,428の減少となっている（総務省『市町村数の推移表（詳細版）』）。
20）例えば、総務省の市町村の合併に関する研究会（2006）は、類似団体との比較をベースとした算定により、合併による削減効果は国全体で1.76～1.80兆円と結論づけている。表4で、合併算定替による増額分が全国

で 600 億円程度であったことからすれば、類似団体との比較による算定は、合併による削減効果を 3 倍程度多く見積もっているということになる。
21）（推計値）＝（一人当たり歳出額）×｛a×（人口）＋ c｝／｛a×（人口）＋ b ×（可住地面積）＋ c｝ [a = 0.2898, b = 58.9363, c = 220.2039]
22）都市機能と歳出額の関係については、石黒らの分析が興味深い結果を示している（石黒ほか 2004）。
23）図では省略しているが、R^2 値はいずれも 0.99 以上であった。
24）面積の平方根を採用した場合も、概ね同様の結果が得られるが、数式が複雑になってしまうため採用しなかった。また、両者の相関は極めて強く、両方採用した場合には重回帰分析の際に多重共線性の問題が生じる危険がある。
25）地方交付税制度の恣意性については、浅羽（2002）を参照。
26）本節のデータは、総務省（2009b, 2010-2015）を基に作成したものである。
27）心理療法の交流分析における、Parent, Child, Adult 概念を念頭に置いている。
28）増田知也（2016）「政策広報が自治意識に与える影響」2016 年度日本協働政策学会（日本大学）、2016 年 12 月 18 日。

参考文献

日本語文献

浅羽隆史（2002）「基準財政需要額の推移にみる恣意性と補助金化：実態と背景」『白鷗法學』(19)、558-532ページ。

飯塚和幸（1986）「都市規模と民主主義(I)」『経済評論』35(4)、48-75ページ。

飯塚和幸、中村紀一（1986）「都市規模と民主主義(II)」『経済評論』35(5)、36-51ページ。

石黒広人、飯沼秀敏、米満実、青木正章、樫本栄治（2004）「大規模自治体の規模の効率化を考える：定量的分析(要約)」『月刊自治フォーラム』(538)、64-73ページ。

市川喜崇(2004)「都道府県と道州制：都道府県の諸機能と規模」『月刊自治研』(537)、39-49ページ。

今井照（2008）『「平成大合併」の政治学』公人社。

今川晃編（2014）『地方自治を問いなおす：住民自治の実践がひらく新地平』法律文化社。

今西一憲、村上一真（2000）「市町村合併と市町村の適正規模を考える」『SRIC Report』6(1)、40-55ページ。

岩崎美紀子（2000）「適正規模」岩崎美紀子編『市町村の規模と能力』ぎょうせい、276-280ページ。

内田満（1978）『都市デモクラシー』中央公論社。

遠藤宏一（2009）『現代自治体政策論：地方制度再編下の地域経営』ミネルヴァ書房。

大石嘉一郎（2007）『近代日本地方自治のあゆみ』、大月書店。

改定新庄町史編集委員会編（1984）『改定新庄町史本編』新庄町役場。

加茂利男（2003）「『平成市町村合併』の推進過程：政策論理・推進手法・政治力学」『都市問題』94(2)、25-40ページ。

佐藤竺（1990）『地方自治と民主主義』大蔵省印刷局。

佐藤竺監修、今川晃・馬場健編（2009）『市民のための地方自治入門：サービスの受け手から自治の担い手へ（新訂版）』実務教育出版。

重森曉（2003）『入門　現代地方自治と地方財政』自治体研究社。

島恭彦（1958）「町村合併と農村行政機構の展開」島恭彦、宮本憲一、渡辺敬司『町村合併と農村の変貌』有斐閣、1-38ページ。

杉原泰雄（2002）『地方自治の憲法論：「充実した地方自治」を求めて』勁草書房。

當麻町史編集委員会編（1976）『當麻町史』當麻町教育委員会。

高木健二（2006）「合併特例債は『疑似餌』」町田俊彦編著『平成大合併の財政学』公人社、57-72ページ。

高島茂樹（2001）「平成の市町村大合併の理念と展望：自己改革による真の地方分権の実現」『地方自治』(647)、2-27ページ。

高島茂樹（2002）『市町村合併のそこが知りたかった』ぎょうせい。

戸井田晃一（2003）「いくつかの手法による自治体の歳出額の回帰分析」『地域学研究』34(3)、379-391ページ。

長浜政寿（1957）「地方自治と区域」日本行政学会編『地方自治の区域』勁草書房、1-15ページ。

長峯純一（2010）「平成の市町村合併は何を残したのか」『都市問題研究』(62)、48-62ページ。

長峯純一、田中悦造（2006）「市町村合併による財政への効果：篠山市合併後5年間の検証」『総合政策研究』(22)、93-113ページ。

参考文献

奈良県史編集委員会編(1985)『奈良県史第一巻地理:地域史・景観』名著出版。

新川達郎(1988)「自治体の規模と行政コスト」鳴海正泰編著『自治体の施策と費用』学陽書房、229-250ページ。

原田晃樹(2003)「都道府県改革の必要性と地方自治制度の将来」木佐茂男監修・今川晃 編『自治体の創造と市町村合併』第一法規、217-226ページ。

林健久(2003)「地方財政を学ぶ」林健久編『地方財政読本(第5版)』東洋経済新報社、3-21ページ。

林正義(2002)「地方自治体の最小効率規模:地方公共サービス供給における規模の経済と混雑効果」『フィナンシャルレビュー』(61)、59-89ページ。

町田俊彦(2006)「地方交付税削減下の『平成大合併』」町田俊彦編著『平成大合併の財政学』公人社、23-55ページ。

前野貴生・下野恵子(2005)「合併と地方債残高の削減効果の試算:東三河地域のケース」『オイコノミカ』(名古屋市立大学経済学会)42(2)、11ページ。

増田知也(2009)「市町村の人口と面積が歳出額に与える影響:適正規模論の再構築に向けて」『季刊行政管理研究』(128)、31-44ページ。

増田知也(2013)「住民運動と地域公共人材:奈良県葛城市」今川晃・梅原豊編『地域公共人材をつくる:まちづくりを担う人たち』法律文化社、139-146ページ。

真渕勝(2009)『行政学』有斐閣。

峯岸直輝(2006)『平成の市町村大合併の経緯と効果』内外経済・金融動向 No. 18-4、信金中央金庫総合研究所。

向井文雄(2006a)「道州制問題への適用を視野においた行政の効率性に係わる要因の研究」『富山国際大学地域学部紀要』(6)、151-189ページ。

向井文雄（2006b）「道州制を視野においた道府県の効率性の研究」『地方財務』(622)、54-71 ページ。

山崎榮一（2006）『フランスの憲法改正と地方分権　ジロンダンの復権』、日本評論社。

大和タイムス社編（1975）『大和百年の歩み　政経編』大和タイムス社。

横道清孝、沖野浩之（1996）「財政的効率性からみた市町村合併」『自治研究』72(11)、69-87 ページ。

吉田博光（2003）『市町村合併による経済効果の再検討』JCER Review No. 46、日本経済研究センター。

吉村弘（1999a）「行政サービス水準及び歳出総額からみた最適都市規模」『地域経済研究』(10)、55-69 ページ。

吉村弘（1999b）『最適都市規模と市町村合併』東洋経済新報社。

英語文献

Allan, P. (2003) 'Why Smaller Councils *Make Sense*' *Australian Journal of Public Administration*. 62(3), pp. 74-81.

Dahl, R.A.; Tufte, E.R. (1973) *Size and Democracy*. Stanford: Stanford University Press.

Dollery, B. (2003) 'A Critical Evaluation of Virtual Local Government in Australia' *Australian Journal of Public Administration*. 62(3), pp. 82-91.

Dollery, B.; Byrnes, J.; Crase, L. (2007) 'Is bigger Better? Local Government Amalgamation and the South Australian Rising to the Challenge Inquiry'. *Economic Analysis and Policy*. 37(1), pp. 1-14.

Dollery, B.; Crase, L. (2004) 'Is Bigger Local Government Better? : An Evaluation of the Case for Australian Municipal Amalgamation Programs'.

Urban Policy and Research. 22(3), pp. 265-276.

Larsen, C.A. (2002) 'Municipal Size and Democracy : A Critical Analysis of the Argument of Proximity Based on the Case of Denmark'. *Scandinavian Political Studies*. 25(4), pp. 317-332.

Martins, M.R. (1995) 'Size of municipalities, efficiency, and citizen participation: a cross-European perspective'. *Environment and Planning C: Government and Policy*. (13), pp. 441-458.

Schumacher, E.F. (1973) Small is Beautiful: Economics as if People Mattered. London: Blond & Briggs. (= 小島慶三・酒井懋訳（1986）『スモール イズ ビューティフル：人間中心の経済学』講談社。)

Seitz, H. (2008) *Democratic Participation and the Size of Regions: An Empirical Study Using Data on German Counties*, CESifo Working Paper No. 2197.

資　料

宇治市・城陽市・宇治田原町・井手町合併任意協議会（2007）『第4回協議会次第』。

宇和島市・吉田町・三間町・津島町合併協議会（2005）『新市将来構想』。

国土交通省（2005）『市町村合併後の個性ある地域づくりのポイント』。

佐久市・臼田町・浅科村・望月町合併協議会（2004）『行政効率化による経費削減の試算』。

市町村の合併に関する研究会（2006）『市町村合併による効果について』。

須賀川市・岩瀬村合併協議会（2004）『須賀川市・岩瀬村合併建設計画』。

総務省（2004）『平成14年度市町村別決算状況調』。

総務省（2005）『自主的な市町村の合併を推進するための基本的な指針』。

総務省（2006）『平成 18 年度地方交付税等関係計数資料』。
総務省（2007）『平成 19 年度地方交付税等関係計数資料』。
総務省（2008）『統計でみる市区町村のすがた 2008』。
総務省（2009a）『市町村数の推移表（詳細版）』。
総務省（2009b）『平成 19 年度市町村別決算状況調』。
総務省（2010）『平成 20 年度市町村別決算状況調』。
総務省（2011）『平成 21 年度市町村別決算状況調』。
総務省（2012）『平成 22 年度市町村別決算状況調』。
総務省（2013）『平成 23 年度市町村別決算状況調』。
総務省（2014）『平成 24 年度市町村別決算状況調』。
総務省（2015）『平成 25 年度市町村別決算状況調』。
総務省（2016）『平成 26 年度市町村別決算状況調』。
栃木県（2008）『平成 20 年度普通交付税等（市町村分）の決定について』。
奈良県（2008）『市町村合併の効果と課題について』。
西尾勝（2002）『今後の基礎的自治体のあり方について（私案）』。
山梨県（2005）『普通交付税の交付決定額等について』。

ウェブサイト

総務省「広域行政・市町村合併」（http://www.soumu.go.jp/kouiki/kouiki.html）2017 年 1 月 9 日閲覧。

初出一覧

はじめに　書き下ろし。

序　章　増田知也（2011）『市町村の適正規模に関する研究：最小効率規模論に着目して』同志社大学博士論文、甲第481号、序章。

第1章　第1節　増田知也（2008）『機能配分と地域の一体性の視点による適正規模論の再検討』同志社大学修士論文、第2章。

第2節　増田知也（2008）『機能配分と地域の一体性の視点による適正規模論の再検討』同志社大学修士論文、第3章。

第3節　書き下ろし。

第2章　増田知也（2011）「市町村の適正規模と財政効率性に関する研究動向」『自治総研』(396)、23-44ページ。

第3章　増田知也（2011）「市町村の適正規模と財政効率性に関する研究動向」『自治総研』(396)、23-44ページ。

第4章　増田知也（2011）『市町村の適正規模に関する研究：最小効率規模論に着目して』同志社大学博士論文、甲第481号、第3章。

第5章　増田知也（2009）「市町村の人口と面積が歳出額に与える影響：適正規模論の再構築に向けて」『季刊行政管理研究』(128)、31-44ページ。

第6章　第1節、第2節　増田知也（2010）「市町村の最小効率規模に関する時系列比較」2010年度日本公共政策学会関西支部研究大会（京都府立大学）、2010年8月7日。

第3節　増田知也（2016）「合併自治体の財政分析」NPO法人京都地方自治総合研究所『財政分析研究会』報告書：京都府内自治

　　　　　体の財政的現状と課題』、37-43 ページ。
終　章　増田知也（2011）『市町村の適正規模に関する研究：最小効率規模
　　　　論に着目して』同志社大学博士論文、甲第 481 号、終章。
おわりに　書き下ろし。

※再録に当たって、加筆・修正を加えている。

増田 知也（ますだ・ともなり）

1983年　　奈良県北葛城郡當麻町（現・葛城市）生まれ
2006年　　同志社大学法学部法律学科卒業
2011年　　同志社大学大学院総合政策科学研究科博士課程（後期課程）修了
専攻・学位　地方自治論　博士（政策科学）
NPO法人京都地方自治総合研究所研究員、同志社大学政策学部助教を経て、
現在、摂南大学法学部講師

共　著　　今川晃・梅原豊編『地域公共人材をつくる』（法律文化社、2013年）
　　　　　今川晃編『地方自治を問いなおす』（法律文化社、2014年）
　　　　　今川晃編『自治体政策への提言』（北樹出版、2016年）

著者連絡先　tomonari.masuda@law.setsunan.ac.jp

平成の大合併と財政効率
── 市町村の適正規模は存在するか？──

発行日	2017年9月22日
著　者	増　田　知　也
発行者	吉　村　　　始
発行所	金壽堂出版有限会社
	〒639-2101　奈良県葛城市疋田379
	電話：0745-69-7590　ＦＡＸ
	E-mail：book@kinjudo.com
	Homepage：http://www.kinjudo.com/
印　刷	橋本印刷株式会社

Ⓒ MASUDA Tomonari 2017／Printed in japan
ISBN 978-4-903762-17-3 C1031